U0114951

NIHON NO SHISO
by Masao Maruyama
© 1961, 2011 by Tokyo Woman's Christian University
Originally published in 1961 by Iwanami Shoten, Publishers, Tokyo
This simplified Chinese edition published 2022
by SDX Joint Publishing Co., Ltd., Beijing
by arrangement with Iwanami Shoten, Publishers, Tokyo

20世纪
日本思想

日本的思想

（ 岩 波 全 本 ）

［日］丸山真男 著

唐利国 等译

生活·讀書·新知 三联书店

图书在版编目（CIP）数据

日本的思想：岩波全本／（日）丸山真男著；唐利国，区建英，
刘岳兵译.—北京：生活·读书·新知三联书店，2022.10
（20世纪日本思想）
ISBN 978－7－108－07393－8

Ⅰ.①日… Ⅱ.①丸… ②唐… ③区… ④刘… Ⅲ.①哲学思想－研究－日本
Ⅳ.① B313

中国版本图书馆 CIP 数据核字（2022）第 053504 号

策划编辑　叶　彤
责任编辑　周玖龄
装帧设计　康　健
责任校对　陈　明
责任印制　宋　家
出版发行　**生活·读書·新知** 三联书店
　　　　　（北京市东城区美术馆东街22号 100010）
网　　址　www.sdxjpc.com
图　　字　01-2017-0176
经　　销　新华书店
印　　刷　三河市天润建兴印务有限公司
版　　次　2022 年 10 月北京第 1 版
　　　　　2022 年 10 月北京第 1 次印刷
开　　本　880 毫米 × 1230 毫米　1/32　印张 6.625
字　　数　131 千字
印　　数　0,001－6,000 册
定　　价　59.00 元
（印装查询：01064002715；邮购查询：01084010542）

"20世纪日本思想"丛书总序

　　日本的20世纪，大致涵盖了大正与昭和两个时期（1912—1989），这是经历了明治维新四十年淬炼而走上成熟现代化道路的一个特殊历史单元。然而，1945年的战败给日本带来了深刻的历史断裂，以此为标志，在民族国家乃至思想文化层面仿佛形成了两个"日本"，而无论是推行帝国主义殖民扩张政策最终遭到惨败的日本，还是战后迎来国家社会重建和经济文化高度发展的日本，这一百年的光荣与悲苦，都给东亚乃至世界造成强烈震撼与冲击。然而，至今，我们对这个复杂的近邻日本依然了解不多，特别是对支撑日本民族走过20世纪波澜起伏的历程的深层观念意识和思考逻辑所知甚少。

　　1945年的战败造成日本民族国家层面的"断裂"是明显的，其中的确有一个从战前天皇制极端主义国家向战后民主市民社会转变的过程，但是，思想文化层面的情形就复杂得多了。我们大概可以用源自19世纪的一般的种族文明论和20世纪初传入的广义社会主义思想，来分别概括日本战前与战后两个阶段的主流思潮，但实际上两者往往是交叉并进、彼此渗透且前后贯通的，构成了 20 世纪日本人思考国家民族进路及个人与社会建构的主要依据。种族文明论为民族主义和右翼国家主义提供了理论源泉，社会主义思想则推动了各种左翼进步势力的改革实践。而两种主流思潮交叉对抗又激荡出种种不同的观念学说和思想派别，由此形成了 20 世纪日本思想的丰富内涵。

能否以这两个主流思潮为线索，将看似"断裂"成两段的 20 世纪日本的思想学术作为一个整体介绍到中国来，由此加深对这一复杂认识对象的理解呢？这是我们多年前就萌生的一个念头，为了深入了解邻国的同时代历史和精神特性，也为了推动中国日本学和东亚区域研究的发展。众所周知，比起近代日本的中国学仿佛在解剖台上从里到外洞穿观察对象般高质量的精深研究来，现代中国的日本学尚不尽如人意，始终未能形成厚重的学术传统。这当然有种种复杂的历史与现实原因，而对于构成日本民族深层观念与思考逻辑的思想学术文献缺乏系统移译和研究，恐怕是一个重要的原因。况且，如今方兴未艾的区域史研究特别是"东亚论述"，也呼唤着关于日本思想学术的深入系统的研究。

20 世纪是一个非常特殊的极端年代。资本主义世界一体化格局的形成，帝国主义征服战争与被压迫民族的反抗和社会革命，导致东亚区域内的各民族在不曾有的程度上被紧紧捆绑在一起，成为矛盾抗争乃至休戚与共的利益攸关方。这是一段你中有我，我中有你，缺少任何一方都无法叙述的历史，思想文化的历史更是如此。而在崭新的区域史和"同时代"视野下，深入开发现代日本的思想资源，也将能深化我们对于自身及与他者关系的认识，由此构筑起区域和平共生的发展愿景。

为此，我们发起这套"20 世纪日本思想"丛书的编译计划。丛书以 20 世纪为限的原因如上所述，主要是考虑发端于明治维新的日本现代思想，到了 20 世纪才真正有了自己的主体特征和独创内涵，并深刻塑造了日本国民的思想方式和精神构造。因此，我们聚焦 20 世纪日本人文社会科学中曾产生广泛的思想与社会影响，包括为各学科发展奠定了基础的那些著作，从中精选若干种而汇成这套丛书。在具体编选过程中，我们主要考虑到这样一些原则。第一，从 20 世纪日本学说史的角度出发，选择具有学术奠基性和理论深度与宽度的著作。而在以历史学、经济学、社会学、政治学、人类学和东洋学六大学科为主体的人文社会科学当中，我们尤其注意人文色彩浓厚而具有思想冲击力的经典著作。第二，在学说史之上我们进而侧重思想史上那些影响广泛、带有观念范式变革和思想论争、文化批判性质的作品，力图由此呈现 20 世纪日本思想发展的内在逻辑和阶段变化。第三，尤其注重一百年来日本学人积极思考自身与中国乃至东亚关系所取得的重要成果，包括战前对于亚洲主义的构筑和战后于反思基础上形成的新亚洲论述，以及学院内外的战前"支那学"与战后中国学等。第四，也适当选择一些直击社会实际问题、带有纪实和评论性质的作品，它们以直接叩问当下的方式促进观念的转变和意识的更新，同样具有重要的思想史意涵。

总之，学术经典性、思想史价值、社会影响力是我们做出判断与选择的基本标准。需要说明的是，某些重要的著作由于已有很好的中译本，为避免资源浪费，虽遗憾而不再收录。同时，受限于知识学养，选目容有罅漏，还望学术界方家指正。

赵京华

2021 年 11 月 30 日于北京

目　录

第一章

日本的思想

前　言

日本思想史的概括性研究为何贫乏

外国的日本研究者常常向我问起，有没有通观日本的"intellectual history"的书籍，这往往令我感到很为难。他们所问到的思想史，不是指政治思想、社会思想、哲学思想等个别领域的思想史，而是指研究含括以上各个领域，并上溯各个时代的"intelligence"状态和世界认识等历史变迁的著作。他们之所以会有这种询问，是因为这种思想史研究在"二战"后的欧美国家很盛行，也许是受到这股风潮的刺激。这种研究动向在战后如此之盛，其原因本身也是一个有趣的问题。但就广泛的意义而言，这种研究方法在欧洲思想史领域未必罕见，其以"history of western ideas"或"Geistesgeschichte"等各种形式而进行的研究发展至今。

但是在日本，虽然有研究儒学史或佛教史的传统，但追溯时代的知性构造、世界观的发展或历史性关联的研究却非常贫乏，至少没有形成研究的传统。津田左右吉[1]的《文学中所表现的我国民思想之研究》（全四卷，1916—1921），虽然有"文学"这一限定，但恐怕是早就有志于此方向的极为罕见之例。过去在威廉·狄尔泰[2]等的影响下，日本也曾有过流行研究"精神史"的时代，但那也没能使以日本为对象的概括性研究的尝试扎下根来。和辻哲郎[3]的《日本精神史研究》（正、续，1926、1935），就其本身来说是非常宝贵的业绩，但仍属于个别领域的研究，其作为通史的成果则是以一部伦理思想史的面貌出现的。众所周知，日本精神史这个范畴，后来从日本"精神史"变为"日本精神"史，不久便可怕地向独断和狂热信仰的方向发展。我们多数人对诸如弗里德里希·赫尔[4]的"欧洲精神史"、查尔斯·比尔德[5]

---

[1] 津田左右吉（1873—1961），历史学家、思想史学家。其著作收入岩波书店出版的《津田左右吉全集》（共 35 卷）。——中译者注（如无特殊说明，全书页下注均为中译者注）

[2] 威廉·狄尔泰（Wilhelm Dilthey，1833—1911），德国哲学家，主要著作有《精神科学引论》《历史中的意义》等。

[3] 和辻哲郎（1889—1960），伦理学家，在文化研究方面也颇有建树。其著作收入岩波书店出版的《和辻哲郎全集》（共 20 卷）。

[4] 弗里德里希·赫尔（Friedrich Heer，1916—1983），奥地利历史学家。《欧洲精神史》的日文译本（小山宙丸、小西邦雄翻译）1982 年由二玄社出版。

[5] 查尔斯·比尔德（Charles Beard，1874—1948），美国历史学家。《美国精神的历史》（《美国文明的兴起》第四部）为与其夫人玛丽·比尔德共著。该书日文译本（高木八尺、松本重治翻译）1954 年由岩波书店出版。

的"美国精神的历史"等标题，一般能表现出极普通的学问关心，而与此不同，"日本精神的历史"这种表述，则总让人觉得不稳妥、难以平常心对待，这大概是由于二者存在着某种巨大的不同。把这种感觉单单看成是战时风潮的反作用，把其原因归结于我们"一朝被蛇咬，十年怕井绳"的过敏症，这还没有触及问题的核心。虽然日本思想论和日本精神论从江户时代的"国学"到今日不断以各种变奏或变种形态表现出来，但日本思想史的概括性研究，与日本史及日本文化史的研究相比，也还是显得非常贫乏。这正象征了日本的"思想"在历史上所占的地位及其状态。

日本缺乏思想的坐标轴

在各个时代里，也有过个别深邃的哲学思索，而且也不是没有那种往往被人们肤浅地理解而实际上具有独创性的思想家。那些限定在某个时代，或只截取某个学派、宗教系列进行的研究姑且不论，若要纵观日本史，把握思想的整体构造的发展，那么谁都将难以着手。之所以如此，其原因已超出了所谓研究的落后性或研究方法等问题，问题难道不是深深植根于对象本身固有的性质之中吗？譬如，将已经融入各个时代的文化或生活方式中的各种各样的观念——如无常感、义理、出世等——不是作为完整的社会复合形态，而是作为一种思想抽取出来，立体地解析其内部构造，这本身也是很困难的［九鬼周造 [1] 所著的《"粹"的构造》（1930）等，也许是其中最成功的例子］。即使能做到这一点，但要了解该思想与同时代其他各种观念在构造上的关联，及其在下一时代的内在变化如何等问题，就更难分析清楚。而且，即使以学者或思想家更具自觉理性的思想为对象，也主要是在同一学派、同一宗教范围内有对话，而那些不同的立场在相通的知性平台上进行交锋，从中产生新的发展的例子，当然不是没有，但并不能说是通常形态。也有像天主教那样的情况，一旦布教，不久便以令传教士自身都惊叹的速度而得势，而且其神学的理解程度也达到了一定的高度，但其成果又因外界条件而急剧地凋零，在思想史中几乎完全销声匿迹。若表达得露骨一些，也就是说，在我国没有形成这样一种思想传统，即那种可以给各个时代的观念和思想赋予关联性，使所有的思想立场在与其相关的关系中——即使是通过否定而形成的关系中——力图确立自己的历史地位的那种核心性的，或相当于坐标轴的思想传统。我们不要只悲叹或美化自己所处的位置，而应首先敢于正视这种现实，我们只能够从这一现实出发。

---

① 九鬼周造（1888—1941），哲学家、美学家。著作收入岩波书店出版的《九鬼周造全集》（共 12 卷）。

自我认识的意义

卡尔·洛维特①曾经把战前日本的"自爱"与欧洲的自我批判精神相对照而作了论述（《欧洲的虚无主义》），他所说的"自爱"，与日本战后那种失去了"爱国心"而在思想上似乎陷入了"自虐"的状况，可以说不一定相矛盾（其证据是最近话语场上又出现了各种形式的"自爱"复活征兆）。当然，我们现在试图马上具备像欧洲基督教那种意义上的传统是不可能的。因而，我们显然也不可能追踪那些曾经通过与其传统交锋（不单纯是反对）而形成的欧洲型近代轨迹——即便是仅限定为割裂了传统的近代思想。问题在于，我们自己要认识到，无论在哪方面日本的"近代"都具有超近代和前近代独特结合的性质。在这一点上与欧洲进行对比，仍是有意义的。将其对象化而加以认识，如果人们对它的理解只停留于旁观、说坏话、谈褒论贬这种完全属于情绪反应和感觉嗜好的层次，我们就无法从自己所处的位置真正出发。正因为我们没有进一步深入地从结构上努力把握日本"近代"的独特性质——就思想领域而言，就是把握各种"思想"之所以未能历史地形成结构的那种"构造"——所以才出现要么说

① 卡尔·洛维特（Karl Lowith，1897—1973），德国哲学家。著作有《世界历史与救赎历史》等。1936—1941 年任日本东北帝国大学讲师。《欧洲的虚无主义》的日文译本（柴田治三郎翻译）1948 年由筑摩书房出版。

"已经近代化了！"、要么说"不，还是前近代！"这种二者必居其一式的轮流叫板。

话题扯远了，让我们回到本题上来。我们在探讨思想至今的状态、批判样式或其理解方法时，如果其中存在妨碍思想的积累和形成构造的各种契机，就应对这些契机逐一地不断追寻其问题之所在，虽未必能追寻到究极的原因，至少也能从现在我们所处的地点出发，开拓出一条前进的道路。因为，如果不变革那种妨碍思想和思想之间进行真正对话或对抗的"传统"，大概就不可能期望思想自身会形成某种传统了*①。

　　*思想没能在对抗和积累的基础上历史地形成构造，这一"传统"表现得最明显而又滑稽的例子，便是日本的论争史。某一时代所进行的激烈论争，极少能成为共有财产而为下一时代所继承发展。不管是自由论，还是关于文学的艺术性与政治性的论争，以及知识分子论、历史的本质论等，同样的问题提法，在不同的时代反复成为话语场的讨论题目。当然，思想的论争本来就没有绝对的结论可言，但在日本，大多数的论争往往没有就某些问题进行分析和整理，也没有明确归结出遗留的问题就不了了之。过了很久以后，因某种契机又对实质相同的题目展开论争，这时也并不是从前次论

---

① 全书以"*"标示者，为作者原注，以小节为单位进行排列。——编者

争所到达的结果出发，而是每回都一切从零开始讨论。还有，比如那些多少与文化或世界观的本质相关的题目，尽管这些题目具有高度的普遍性，但其在欧洲所经历的长年深入探讨的思想背景却往往在日本的论争中被完全置之度外——尽管产生于欧洲的作品已不断流入日本。因此，从"思维的经济性"的角度来看，这也是巨大的浪费。在这里，（1）一方面，日本"学界"整天忙于经销输入的"完成品"，另一方面社会又产生了一种逆反现象，就是"独创性"崇拜，即把零碎片断的偶然想法当作"独创"来极度尊崇，这种崇拜在评论界和大众传媒的推动下得以不断地再生产。而且两者之间互相轻蔑的恶性循环（这一点和后述部分有关联）也在其中起作用。（2）因为各时代各集团与当时西方占有利地位的国家或思潮分别形成横向联系，造成了一个封闭的欧洲形象，所以纵向的历史性思想关联被无视了。（3）不言而喻，现代常见的最单纯的原因，就是论争被搬上大众传媒时，便按着传媒所布设的轨道发展，从而愈益背离论争者当初的意图。但是，像明治二十年代（1880年代）有名的基督教与国体的关系论争，在佛教徒与儒教思想家责难基督教徒的根据里，几乎看不到幕末时的，更何况是16世纪基督教传来时的责难根据得到了发展的痕迹。这样看来，不得不说问题波及了日本思想史的一般形态。因为不言而喻，"论争"是辩证法的原始形态。

所谓"传统"思想与"外来"思想

儒教、佛教以及与之相"习合"而发展的神道，或江户时代的国学等，常常被统称为传统思想，并以此与明治以后大量流入的欧洲思想相对照。区分这两种类型本身并没有错，而且也是有意义的。但是，以传统与非传统的范畴来区分两者，有可能会导致重大的误解。因为外来思想被摄取后，便以各种形式融入我们的生活方式和意识中，作为文化它已留下难以消除的烙印。从这种意义上说，欧洲的思想也已在日本"传统化"了。即使是翻译思想，甚至是误译思想，也相应地形成了我们思考的框架。即使从纪平正美①到鹿子木员信②，不管是怎样的国粹主义思想家，若仅仅局限在《回天诗史》③以及《靖献遗言》④的作者们的语汇和范畴内，他们的宏大论述就无法展开。连蓑田胸喜⑤的激越的

① 纪平正美（1874—1949），哲学家。著作有《行的哲学》《日本精神与辩证法国体的真意义》等。第二次世界大战时期右翼思想的指导者。

② 鹿子木员信（1884—1949），第二次世界大战时期"大日本言论报国会"专务理事。著作有《新日本主义与历史哲学》《皇国国体原理》《日本精神的哲学》等。甲级战犯。

③ 《回天诗史》：幕末水户学学者藤田东湖（1806—1855）作，给当时尊王攘夷的志士很大影响。

④ 《靖献遗言》：江户时代崎门朱子学学者浅见絅斋（1652—1711）作，强调君臣大义名分。

⑤ 蓑田胸喜（1894—1946），国家主义者，以打击进步知识分子著称。"二战"后自杀。著作收入柏书房出版的《蓑田胸喜全集》（共7卷）。

"思想斗争"，也整篇充斥着对威廉·冯特^①、阿尔弗雷德·罗森伯格^②的引用。如果把我们的思维方式分解成一个个要素，再分别追溯这些要素的谱系的话，就会发现有佛教的因素、儒教的因素、萨满教的因素、西欧的因素——总之，最终是在我们的历史上印下足迹的所有思想的断片。问题在于这些因素皆杂乱地聚在一起，其相互之间的理论关系和该占的位置全然不明确。从这种基本的存在方式来看，无论是所谓的"传统"思想还是明治以后引进的欧洲思想，都看不出其本质上有何区别。人们反复地慨叹近代日本舍弃了维新以前的思想遗产而"欧化"了（而且这种慨叹从明治以后至今日已经成为定式），但是，假如具有数百年背景的"传统"思想能真的作为遗产形成传统，那又怎么会那样轻易地被"欧化"的怒涛所吞没呢？[*]

　　[*]但是以下为了叙述方便，拟按照惯例将儒学、佛教、神道等非欧洲的思想一概称为传统思想。这种场合所称的"传统"，或是在思想批判和发展模式中的"传统"，与最初论述"思想没能形成传统"时所讲的"传统"，其意义和内容当然是不同的。

---

① 威廉·冯特（Wilhelm Wundt，1832—1920），德国心理学家、哲学家。著作有《人类与动物心理学讲义》等。

② 阿尔弗雷德·罗森伯格（Alfred Rosenberg，1893—1946），纳粹德国的政治家，主要著作有《20世纪的神话》。

开国的意义所在

在日本人的内在生活中，思想的渗入方式及其相互关系，从根本上说是具有历史连续性的。但以明治维新为界，无论是从国民的精神状态还是从个人的思想行动来看，其前后的景观显著不同，这是因为"开国"这一决定性的历史事件介入其中的缘故。在此我并不是想说传统思想与其后流入的欧洲思想本质上截然不同这一自明之理，也不是想说输入思想的数量之庞大和多样。开国的意义，包括将自己向外即向国际社会开放，同时又面对国际社会将自己画为一个国家＝统一国家这两个意义。面对这双重课题的挑战，是亚洲"后进"地区的共同命运。在 19 世纪，只有日本没有被这种命运压倒，而是自主地打开了局面。

但是正因为如此，前述的那种由于缺乏（像中国的儒教那样的）思想传统的深厚根基所带来的问题群，现在已经爆发出来了。领土、国籍、对外关系上代表国家的权力所在等区别本国与他国的制度性标志已被确立，以天皇为顶点的集权国家（尽管实质上的集权力量不十分完善）也已迅速建立，与此同时，欧美的思想文化却以更快的速度和更大的数量从开放的国门急剧地汹涌而入，致使国家生活的统一秩序的建立与思想界"无秩序"的疾风怒涛形成了鲜明的对比，而且两者同在"文明开化"的旗帜下不断地演出对位法的合唱。至于这种事态经过怎样的过程而由天皇制（意识形态上的国体）的正统性所统合，对这一历史过程

的叙述已超出了本稿的范围。（伊藤博文 [①] 等苦心制作的"近代"国家和日本的思考模式之间的内在关联后文再提及）

现在想提请注意的是，传统思想在维新后越发增强了零碎片断的性质，既不能将各种新思想从内部进行重新构建，亦不能作为与异质思想断然对抗的原理发挥作用。正因为如此，尽管各个思想的内容及其所占地位有着巨大差异，但在思想摄取与表面交锋的方法上，"前近代"与"近代"反而产生出相互连续的结果。其中孕育的各种现象，将在下面作较具体的说明。

---

① 伊藤博文（1841—1909），明治时代的政治家，日本首任总理大臣。

一

无构造的"传统"（一）——思想继起的方式

即便传统思想随着日本的近代化或现代化而踪影日渐淡薄，但正如前文所述，它已深深地潜入我们生活的感情和意识的最底层。很多文学家、历史学家都曾指出，近代日本人的意识和构思在追求时髦的外表下，实则深受无常观、"物哀"、固有信仰的幽冥观以及儒教伦理的左右。这不如说，正由于过去的东西未能被作为对象来自觉认识，从而未能被现在所"扬弃"，所以导致过去的东西从背面溜进了现在之中。一方面是思想没有作为一种传统积淀下来，另一方面是"传统"思想糊里糊涂地延续下来并无关联地潜入近代，这两者其实只是同一事物的两个方面而已。按一定时间顺序引进的各种思想，在精神世界内部都只是转换了空间配置而已，可以说具有无时间顺序的并存倾向，因此这些思想反而失去了历史的结构性。小林秀雄[1] 反复说过，历史说到底只是往事的回忆。这种观点是直接同一贯拒绝历史发展观，或更正确地说是拒绝发展思想在日本的移植形态等态度紧密相连的。他的命题，仅就日本的或是日本人的精神生活中的思想"继起"形态而言，是击中了某个核心问题的。因为新事物，甚至是性质迥异的东西，一个个都与过去毫无冲突地被摄取了，所以新事物的胜利往往快得惊人。过去，并不能作为过去而自觉地面对现在，它或被推至一旁，或沉降到下方，并逐渐从意识中消失进而被"忘却"。正因如此，它又会在某种时候以"回忆"的形式突然迸发出来。

　　这种现象在国家危机或政治危机的情况下表现得尤为突出。日本社会或个人内在生活中对"传统"的思想回归，往往会以这样的形式表现出来，就如同人在吃惊时会情不自禁地突然冒出久违的方言来一样，它与一秒钟前使用的普通语言完全没有任何内在关系，突然地"迸发出来"。（作为近代史的思想性事件，如维新时的废佛毁释[2]、明治十四年前后的儒教复活[3]、

---

[1]　小林秀雄（1902—1983），文艺评论家。其著作收入新潮社出版的《小林秀雄全集》（共 16 卷）。

[2]　废佛毁释：以 1868 年发出的"神佛分离令"为契机的排斥佛教的运动。

[3]　明治十四年（1881）前后的儒教复活：其事件主要有 1880 年 4 月文部省刊行西村茂树的以儒学修养为主要内容的《小学修身训》，6 月成立儒学团体斯文会；1882 年 5 月东京大学设立古典讲习科，12 月颁发《幼学纲要》；等等。

昭和十年的天皇机关说问题[1]等）从个人来看，无论是苏峰[2]、樗牛[3]还是横光[4]，这些教养已经"西欧化"的思想家向日本主义的转向，其表现形式虽然都是突然变异的，但其转向并不是对自己内部从未存在过的思想的一种飞跃（回心），而仅仅是"到昨日为止"，不再持续下去而已。高村光太郎[5]在《暗愚小传》中，真挚地歌颂了接到太平洋战争爆发消息时的那种"回忆"的迸发[*]。（战后，他又再次回到了对罗丹[6]的"回忆"中）

　　在过去"摄取"的东西里哪些东西会成为被唤起的"回忆"，这是因人的个性、所受的教养以及世代之不同而不同的。

---

①　昭和十年（1935）的天皇机关说问题：作为对明治宪法的解释，针对国家统治权属于天皇之说，美浓部达吉等主张统治权属于作为法人的国家，天皇为其最高机关。1935年这种主张作为反"国体"的学说而被起诉。

②　德富苏峰（1863—1957），记者、著作家。1887年设立民友社，发行《国民之友》《国民新闻》，提倡平民主义。甲午战争之后成为帝国主义的鼓吹者。

③　高山樗牛（1871—1902），评论家、思想家。著作收入博文馆出版的《樗牛全集》（改订注释版共7卷）。

④　横光利一（1898—1947），小说家。著作收入河图书房新社出版的《横光利一全集》（共17卷）。

⑤　高村光太郎（1883—1956），诗人、雕塑家。著作收入筑摩书房出版的《高村光太郎全集》（共22卷）。

⑥　罗丹（Auguste Rodin，1840—1917），法国雕塑家。

万叶①、西行②、《神皇正统记》③、吉田松阴④、冈仓天心⑤、费希特⑥、《叶隐》⑦、道元⑧、文天祥、帕斯卡尔⑨等，至今为止思想的库存很充足，毫不缺乏素材。一旦舞台发生转换，那么托尔斯泰、啄木⑩、《资本论》、鲁迅等又会成为被唤起的"回忆"。把某一时代的思想或人生某一时期的观念与自己合为一体的方式，在旁人看来是极其随意的，但对当事人或者那个时代来说，这只是将一些本来就无时间性地共居于某个角落的东西进行配置转换，将其置

---

① 万叶：《万叶集》的略称。

② 西行（1118—1190），平安时代末期、镰仓时代初期的歌僧。《新古今集》中采录了其94首和歌。

③ 《神皇正统记》：北畠亲房（1239—1354）1339年所著史论。记载了从神代到后村上天皇（1339—1368年在位）的历史，强调南朝为正统的历史观。

④ 吉田松阴（1830—1859），幕末志士。因1854年偷渡而被投狱，后被处死。开设松下村塾，培养了不少尊王攘夷运动的指导者。其著作收入岩波书店出版的《吉田松阴全集》（共12卷）。

⑤ 冈仓天心（1862—1913），明治时代美术界的指导者。著作收入平凡社出版的《冈仓天心全集》（共9卷）。

⑥ 费希特（Johann Gottlieb Fichte，1762—1814），德国哲学家。著有《全部知识学的基础》《人的使命》等。

⑦ 《叶隐》：论武士道的著作。元佐贺藩士山本常朝口述，田代又左卫门阵基笔录，11卷，1716年前后成书。

⑧ 道元（1200—1253），镰仓时代初期的禅僧。日本曹洞宗的开祖。著有《正眼法藏》《永平广录》等。

⑨ 帕斯卡尔（Blaise Pascal，1623—1662），法国哲学家、数学家、物理学家。著有《思想录》等。

⑩ 石川啄木（1886—1912），歌人、小说家、评论家。著作收入筑摩书房出版的《石川啄木全集》（共8卷）。

于当阳之处而已。因此这些转换，每次都被认为是对日本的"本来面目"或自己的"本来面貌"的回归，其发生和进行是诚心诚意的。

*……/昨日成往昔/往昔复成今/天皇危急/仅此一语/决定我一切/父母浮现眼前/儿时家中云雾/满屋弥漫/祖先声音充斥我耳/陛下、陛下/急迫意识令我心焦/……

无构造的"传统"（二）——思想接受的方式

新事物的迅速胜利和旧事物稀里糊涂的潜入、沉积，本来就构成同一精神"传统"的两个方面，而这两个方面又不仅仅以上述方式表现出来。欧洲的哲学、思想本来所具有的历史构造性屡次被分解，或被割断了其思想史的前提，仅作为零件不断地吸收进来。其结果，那种经过高度抽象的理论却意外地在扎根于我们旧习惯的生活感情中受到欢迎，在欧洲本来是对根深蒂固的传统进行殊死抵抗的东西，在日本反倒与"常识"性的想法轻而易举地相一致，或是最新的舶来品与原有的手头上的思想库存顺利地吻合，这样的情况屡见不鲜。如井上哲次郎[1]将德国观念论的伦

---

[1]　井上哲次郎（1855—1944），哲学家。后文提及的《日本朱子学派之哲学》一书为 1905 年富山房出版。

理学说理解为"人们以为它是舶来的新学说，实则与自古以来朱子学所倡导的思想相关"(《日本朱子学派之哲学》第 600 页），由此高唱"东西文化融合"。当然，在此我们没有必要再去深究他的折中主义"传统"。即便不举上述那种规模庞大的例子，认为马拉美①的象征诗与芭蕉②的精神是"相通的"，或认为实用主义（pragmatism）本来就是江户町人的哲学等例子也比比皆是*。

如此使不同的东西在思想上接合，并使之成为合理的逻辑而不断流通，则不外是那种常见的"某物即某物"，或"物物一如"等庸俗化了的佛教哲学方式而已。但是，这样"无限地拥抱"各种哲学、宗教、学问——甚至连从原理上相互矛盾的思想——使之在精神的经历中"和平共存"，似乎是一种思想"宽容"的传统，而对于这种传统来说，唯一性质相异的东西恰恰是要求从原理上否定这种精神杂居性，并从内部强制其对世界经验的逻辑性和价值性进行整合的思想。在近代日本，在这种意义上出现的思想正是明治时期的基督教和大正末期兴起的马克思主义。尽管基督教与马克思主义是站在完全对立的立场上的，但它们在日本理性风土中，承担起了在精神史上发挥共通作用的使命。因此，如果两者都使上述那种要求与日本的风土相妥协，至少会丧失其精神革命的意义；反之，如果执拗相逼，那么就免不了要陷入杂

---

① 马拉美（Stéphane Mallarmé，1842—1898），法国诗人。法国象征派的代表。

② 松尾芭蕉（1644—1694），江户时代前期的俳人。

居性宽容的传统所产生的强烈不宽容的围困之中。（这里所论及的，不是与国家权力的关系，而完全是思想的接受和交流方式的问题。"国体"的问题随后马上谈到）一个由马克思主义而"转向"的"转向者"写了如下这段话，正表明其所谓"转向"，就是把自己从受制于原理（＝公式）的自我约束的紧张中解脱出来，通过唤醒"回忆"而一举返回到拥抱、融合、一如的"本来"世界中。"日本哲学是物心一如的世界。……我们在总结马克思主义之时，在把握日本民族的拥抱性之时，就会认识日本民族在世界中的新使命了！……而东西文化融合的将来的发展——这必须成为我们新的信念。"（小林杜人编《转向者的思想与生活》[1]第48—49页，以下的着重号没加特别说明的，都是丸山所加。）

*在此并不是说上述这些东西之间是没有任何类似性的，也不是说找出其中的共通性本身没有意义。如果说人类的思考自古以来不会发生什么变化，那讨论便到此为止了。应指出，在理解异文化背景下的精神作品时，我们非常缺乏首先把它看成与自己彻底不同的东西来对待的心理准备，从在这种意义上表现出的良好的事物理解力所产生的与异文化轻易接合的"传统"，反而阻碍着任何外来文化形成传统，这才是重要的问题点。特别是明治以后，在对知识贪婪的好奇心

---

[1] 1935 年大道社出版。

和头脑置换转移的迅速性——这的确可算世界第一流，这正是日本飞速"跃进"的一个关键因素——由于吸收外国文化的"传统"，在现代的知识阶层里，就其思想而言，似乎对"未知事物"的感觉已经完全丧失。最初表现出来的是好奇心，但马上就会说"哦，不外是那个"，过敏症与感觉迟钝症如此违背逻辑地结合在一起。比如，在西欧或美国等的知识界中，关于民主主义的基本理念、民主主义的基础这种已有数百年历史的题目，依然被反复质疑，从正面进行探讨。但在日本，战后仅过数年，就轻率敷衍地说"民主主义""已经都弄明白了"。上述两种状况所形成的巨大反差实在令人惊叹。

倒逆语与反义语的功能转换

还常常有这样的情况，那些在坚决抵抗欧洲传统中产生出来的东西，一旦移植到我国，意外地与古来的生活感情完全适应，也因此使其原本的社会意义发生变化。例如，尼采的反义语以及奥斯卡·王尔德①的倒逆语，正是在基督教－欧洲社会最顽强的"公式"——长期培育出的对生的积极肯定想法已普遍化的社

---

① 奥斯卡·王尔德（Oscar Wilde，1854—1900），英国作家，19世纪末唯美主义文学家的代表。

会里，与现实发生了激烈的紧张感。但是，像日本这样在生活中存在着无常感、"忧世"观等逃避意识的情况下，那种犬儒主义或倒逆语反倒应和了现实生活中的感觉，而虚无主义与其说是对现实的反叛，不如说更多地发挥了顺应现实的功能。这里，倒逆语已经失去了其作为倒逆语的作用，而它的反命题则被当作正命题来理解和欣赏。比如"世界是荒谬的"① 这样一个命题，就以"世事常不如意"的说法与普通民众古来的常识相合拍。

擅长倒逆语和反义语的评论家把马克思主义的"公式"视为眼中钉，有些是因为他们采取了政治（或反政治）的姿态，但不仅如此，人们还会认为那儿隐藏有一种情形，即在没有基督教传统的地方，只有马克思主义才具有欧洲型公式的对应物。这样一来，那些针对"马克思主义"式的知识阶层使用潇洒倒逆语的运用者，与普通民众的"传统"生活实感——或轻易地与苟同于百姓生活实感的大众传媒结成奇妙的联盟，以致"进步的知识分子"陷入了受到两者夹攻的孤立状态。日本马克思主义中的"理论信仰"（后面将要论述）正使上述事态越来越严重，但那"反叛"的姿态往往发挥着顺应现实的功能，姑且不论其政治上的条件，至少可以说，它与上述日本的精神状况是有密切关联的。

---

① 法国存在主义者加缪（A. Albert Camus，1913—1960，法国小说家、戏剧家、评论家）的命题。

意识形态揭露的早熟性登场

联系上文，我们必须注意到一点，就是当面对原理性的思想或要求合理调整经验的意识形态时，"传统"态度所表现的反抗，往往倾向于采取一种意识形态揭露的批判形式。在这里，针对其他思想立场发起一种意识形态批判，在相当早期就已成为思想批判的"传统"了。在近代欧洲，对思想的批判并不从思想的内在价值、逻辑整合性的观点来进行，而只是从"外在的"，即从其思想所达成的对政治社会的作用——对现实的隐瞒或美化——或从揭露其背后的动机、意图来进行批判的这种方式，毋庸赘言，是从马克思的观念形态论开始才以学问的形态大规模地展开的。那正与马克思对近代市民社会及近代合理主义中潜存的问题发起的一种早熟的——在这意义上是具有预言性的——批判有着密切联系。因此，这种批判形式在19世纪应当说是一个例外。对意识形态的批判在欧洲成为一般常识，是到了第一次世界大战后，那一代人"不仅目睹了对各种观念的真理性的普遍不信，并目睹了对各种观念的主张者的动机的普遍不信"（K. Mannheim，*Ideology and Utopia*，Preface by L. Wirth，XIII）以后才发生的。

但是在日本，幕末的攘夷论者对以基督教为首的欧洲思想进行的批判，其批判形式已显示出对思想的意识形态机能极其敏感，而且这类批判形式出现在对思想的内在批判之前。比如，会

泽正志斋 ① 说："故欲倾人国家，则必先因通商窥其虚实，见有机可乘则举兵袭之，不可则唱夷教以煽惑民心。民心一移，箪壶相迎，莫之得禁之。"（《新论》卷二）从这种一般论出发，批判了偏重经济军事的富国强兵论，并指出"今虏乘民心之无主，阴诱边民，暗移其心。民心一移，则未战而天下既为夷虏之有。所谓富强者，既非我有，而适足以借贼兵赍盗粮耳"（同上书，卷一），强调了思想国防的重要性。这里我们可以发现杜勒斯 ② 式的间接侵略的逻辑已经完全成形并显现出来。当然，人们也许会说这只是在突然面对异文化激烈冲击时，传统集团一同显示出来的一种自卑感。要是如此，那么本居宣长 ③ 著名的儒教批判方式又如何解释呢？他指出："在汉土，所谓道究其要旨无非二法也，即夺人国与防人夺己国而已。"因此，比如"所谓天命，在彼国古代不过是灭君夺国的圣人为开脱罪责而捏造出来的口实罢了"（《直毗灵》）。这里与其说是把以哲学构筑为荣的儒教思想的冗长理论——"设置了各式各样的繁杂名目"——的内容本身作为问题，不如说揭露了它是一种替统治者或篡权者隐瞒或美化现实的意识形态。

---

① 会泽正志斋（1782—1863），江户后期的儒学家。所著《新论》提倡尊王攘夷，给幕末政治运动以很大影响。
② 杜勒斯（John Forst Dulles，1888—1959），美国政治家。
③ 本居宣长（1730—1801），江户中期的国学家。著有《古事记传》等，提倡排斥儒、佛而回归古道。

不过，这里特别显著的一点是，宣长把道、自然、性等范畴的一切抽象化、规范化都当作汉意①一律加以排斥，并把一切抽象的议论全部排斥，只想追求纯感觉上的事实。由此，他的批判即便能算是意识形态揭露，但本来就不可能是以一定的原理立场为根据的意识形态批判。这虽然准确地触及了儒者对其教义的现实妥当性缺乏斟酌的盲点，但由此而摈弃一切逻辑化即抽象化，认为日本不存在规范化思考，这恰恰证明了日本事实上的良好状态并不需要任何"教义"，从而否定了现实与规范之间紧张关系本身的意义。由此而产生的倾向，一方面是对与生俱来的感性的尊重，另一方面则是对既成的统治体制的被动追随，结果只能是在这两重意义上对"既成的"状况做出肯定现状的反应。

作为无构造传统原型的固有信仰

众所周知，宣长试图将儒佛以前日本的"固有信仰"的思考与感觉在学术上加以复原，但是原本在那里无论是人格神的形态，还是理或形相这种非人格神的形态，都是不存在什么终极的绝对者的。正如和辻哲郎分析②的那样，日本神话里被祭祀的神，同时又是进行祭祀的神，无论追溯到哪个世代都具有这样的

① 汉意：中国的思考方式与价值观。

② 见其《日本伦理思想史》。

性质，而祭祀的终极对象却消失在茫茫的时空之中。在这种"信仰"里，并不存在一切具有普遍性的宗教所共有的那种始祖和经典。因此，宣长承认了徂徕①所说的神道以前并不存在的说法（《铃屋答问录》），但这种承认只是为了翻脸导出对所有意识形态（教义）的否定。

"神道"可以说像一个毫无内容而不断延长的空白布筒，它是用每个时代强有力的宗教"习合"（指把相异的教理折中调和——译者）来填充其教义内容的。毋庸置疑，神道的这种"无限拥抱"性和思想杂居性，集中地表现了上文指出的日本思想的"传统"。正因为它没有绝对者，又没有以独特的方式形成对世界进行逻辑性、规范性整合的"道"，所以对外来意识形态的感染也无抵御的装备。国学试图对"布筒"中的内容进行清扫——排除汉意和佛意——时，自然要面对这样一种矛盾，即在两个难以区分的契机中，赞扬前者（即没有"道"），却又慨叹后者（即思想的感染性）。（这也是后来所有国粹主义者所面临的矛盾）宣长这种完全靠着直接感觉，拒绝一切抽象化的方法，在社会和政治方面反而导致了这样的机会主义，"不以儒治则难治时，就以儒治国。无佛则不能成就时，则以佛治国，此皆其时之神道也"（《铃屋答问录》）。与此相对照，试图重新构筑"神道"世界观的

①　荻生徂徕（1666—1728），江户中期的儒学家。著作有《弁道》《弁名》《论语征》《政谈》等。此处关于神道之说出自其《太平策》。

笃胤 [1]，则作为"道"的规范化所要付出的代价，去再次"拥抱"儒佛甚至基督教，表现出一种泛日本主义。

总之，这种国学对儒教的批判，表现为：（i）对意识形态全盘的厌恶与侮蔑；（ii）拒绝推论性的解释而"直接"进入对象的态度（无法忍受解释的多样性，结果是把自己的直观性解释绝对化）；（iii）其思维方式是只在手摸得着的有确实感觉的日常经验中承认清晰的世界；（iv）其批判方式是以揭发论敌的作态或言行不一来贬低对手理论的可靠性；（v）将历史中的理性（规范或法则）一概归为"公式"＝牵强附会来加以摈斥等样式，因诸如此类的样式，后来便形成了极其强韧的思想批判"传统"。当然它作为批判，也包含了某些正当的东西，也具有其历史意义。但是，当前必须注重的问题是，上述这种意识形态批判的方式因否定了原理本身，以致不能从感觉的层次抽象升华。一直持续到现代，那些文学性或"民众性"的批评家对社会科学思维持有厌恶和反感的思想根源，早已萌生于国学的意识形态批判之特征中。马克思主义的意识形态批判，本来是从一定的理论和政治立场出发的，可是这种方式在对社会科学思维厌恶的气氛中，却屡屡被一种怪异形式反过来驱使，即以"无"理论的意识形态揭露方式，反把矛头指向马克思主义者。

---

① 平田笃胤（1776—1843），江户后期的国学家。将复古神道体系化，给幕末尊王运动以很大影响。著有《古史征》《古道大意》《灵能真柱》等。

思想评价上的"进化论"

儒教作为日本传统思想中唯一的自然法体系，早在江户时代就已受到种种历史相对主义的挑战，后来由于幕藩体制的崩溃，其作为时代"信条体系"（乔治·桑塔亚那①）的通用效力急速下降。恰恰在这种状况下，日本导入了19世纪后半期自然科学的进化论，不久，进化论就被继承为辩证法发展的公式。这样一来，除了上述的思想"外在"型批判之外，还给思想评价的基准增添了一个新特性，这一点也构成了一种不利于思想自身形成传统的因素。就是说，在某一永恒物的——其本质不管是历史内在的，还是超越历史的——光芒照耀下对事物进行评价的思考方式极为薄弱的社会基础上，如果导入历史进化的观念，由于思想性的抵抗薄弱，其渗透快得惊人，因此反而使进化的意义和内容变得空虚和庸俗化。在那里，进化往往被理解为从一个过程到另一个过程的平行移动，因而失去了价值的历史性积累的契机。

维新以后，日本把进化的目标设定为"先进"的欧洲*，因此在思想评价时，对西洋的自卑感和对进步的自卑感便紧密地接合起来，那些思想之间的优劣区分，与其说基于其在日本的现实意义如何，不如说往往是按西欧史上那些思想产生的时代的先后

---

① 乔治·桑塔亚那（George Santayana，1863—1952），美国哲学家、诗人。著作有《诗与哲学》等。

来决定的。而且，这种优劣区分不仅仅出现在持"进步观念"的自由主义者、社会主义者的批判方式中，同时也频繁出现于其对立阵营的批判方式中。国粹主义者和反动派攻击知识分子为进步狂的逻辑，一般是通过绕欧洲一圈来进攻的，此时他们总是使用那种"传统"的论法，指责进步派的意识形态即便在欧洲（或美国）也已经陈旧。加藤弘之[①]就是用进化论批判天赋人权论为"妄想"的光辉先驱。在这种场合值得注意的一点是，进化论在内容上教会了他们进化的公式，同时在形式上又被看成欧洲学说的最尖端。因为辩证法也适合于这种思考方式，所以，对于反动派或现实追随派来说，这正可以作为证明自己的"哲学"（或者"皇国"）已立于世界史发展尖端的证据来炫耀。只是，当辩证法开始"流行"于我国时，已出现了"西洋的没落"之说法。因此，世界史的公式并不能像进化论那么单纯，它以东西文化的综合、资本主义和社会主义的对立的扬弃等形式与日本的使命相结合。进化论用优胜劣汰、适者生存这种煞风景的逻辑来使帝国主义的现实合理化，与之相对，辩证法却被信奉于现实矛盾不断深刻化的时代，仅此而言，可以说更带有道义的色彩。尽管如此，这两者的逻辑的运用方法却有一个共通之处，那就是在接受各种

---

① 加藤弘之（1836—1916），哲学家、教育家。起初提倡天赋人权、自由平等，后来主张社会进化论反对平等说。著有《真政大意》《国体新论》《人权新说》等。

意识形态时，不经过日本现实的验证，不接触日本的社会脉络，就将其当成思想的历史进化和发展的公式，以致产生出"超进步"的思想与政治上的超反动倾向相结合的滑稽现象[**]。中江兆民[①]曾经说过：

> 如果我们这样说，那些深通世故的政治家必然会得意地说，那都是十五年前陈腐的民权论了，今天欧美各国已盛行帝国主义，还去推崇什么民权论，这是不懂世界潮流的过时理论了。……不错，它作为一种理论是陈腐的，但在实行上却是新鲜的。如此明了的理论，在欧美数十百年前就开始实行，在那些国家也许是陈腐了，但在我国，它却刚作为一种理论在民间萌发，而因为受到藩阀元老和利己的政治家所蹂躏，它还处于理论形态时就消亡了。因此，虽然作为言辞已非常陈腐，但在实行上却还很新鲜。在实行上新鲜，但在理论上却陈腐，试问这到底是谁的罪过？[《一年有半》明治三十四年（1901）版附录[②]]

确实如此，在他去世以后，仍有无数的进步思想被统治者

---

① 中江兆民（1847—1901），思想家。自由民权运动的理论代表。其著作收入岩波书店出版的《中江兆民全集》（共18卷）。

② 博文馆出版。该文章题目为《考へざる可らず（其二）》，见该书附录第37页。

"蹂躏，使它还处于理论形态时就消亡了"，因此"作为言辞已非常陈腐，但在实行上却还很新鲜"，这样的理论是累累如山，直到迎来1945年8月15日。（但是，进步思想以这种方式被阻碍未付诸"实行"，其结果便成了产生后述的"理论信仰"的原因。）战后的"解放"，使曾遭天皇制的堤坝阻挡的所有"陈腐"的进步思想汹涌奔腾，从明治的自由民权论到昭和的共产主义，出现这种现象诚然是事出有因的。

　　而且直到今天，战争期间的那些著名"世界史的哲学"家还在说"日本新宪法是建立在轻视国家、社会义务，极度重视个人人权的权利一边倒的基调上的，这宛然是社会思想产生之前的时代产物，提倡的是法国大革命《人权宣言》时代的主张。提出新类型的权利①，还不能保证新宪法的新时代性和进步性。在经过了为社会公共福利而抑制自由主义的偏重个人权利和尊重义务的社会主义精神阶段之后的现阶段，如何调节权利义务的关系，这应成为最先进的思想立场的课题。从这一点来看，我们可以说日本的新宪法在其思想基调上，是存在于社会主义以前阶段的时代错误的作品"（高山岩男：《战后日本的精神状况》，第127—128页，《现代宗教讲座》Ⅵ②，着重号为笔者所加），他们如此指责，并嘲笑那些"叫嚣拥护这个旧时代的宪法"的知识分子和社会主

---

① 指《日本国宪法》第25条中的生存权。

② 创文社1955年出版。

义政党的"时代错误"。在这里，加藤弘之以来的那种极陈腐的批判方式在与庸俗的发展阶段论相结合中重新表现出来了。

　　*日本的进化（＝欧化）与出人头地主义在多种意义上具有平行关系。田舍书生"进化"的目标无非就是到相当于"日本的西洋"的东京去，上升到大臣大将的"阶段"。欧化即是日本的"出人头地"，出人头地就是书生的"欧化"。这两个象征在"留洋"一词中得以吻合。如果日本"进步"的价值标准是按欧洲历史阶段之先后来一元化的话，那么"伟"人的标准就在官僚制等级的高低地位中得到一元化。就如日本惊人的进步是以"脱亚"，或更进一步，以不顾亚洲大陆的所谓"停滞性"而践踏亚洲大陆的方式所取得的那样，秀才的出息是从"乡村"中脱离出来而实现的（往往通过上级提拔）。正如福泽①曾以太阁秀吉②的"出息"为例指出的那样，"比如说，就像为了避开湿地而移到高处干燥的地方去一样，虽然对于自己会方便些，但并不是在原来的湿地上亲自堆上泥土将其改造为较高的干燥之地，因此，湿地依然是湿地……"（《文明论概略》）也就是说，上述那种秀

---

① 福泽谕吉（1834—1901），思想家、教育家。著作收入岩波书店出版的《福泽谕吉全集》（共21卷）。

② 丰臣秀吉（1536/1537—1598），战国·安土桃山时代的武将。

才的出息还具有这样一个相反的侧面。尽管如此，就如日本军事经济的发展为亚洲民族点亮了希望和自信之灯一样，显达了的高官依然被视为贫穷乡村的"荣耀"的象征，在这种微妙的关系方面，两者可以进行类比。这样一来，一旦"欧化"的进步之路走不通了，那么，出人头地的渠道也就堵塞了，过去的书生便激进地转向俄罗斯型的，或"农本"型的方向。

**但是，在这种场合，喜剧和悲剧也不过是一纸之隔。日本实行"开国"时的19世纪后半期的国际社会，无论是政治、经济的动向，还是思想文化的存在方式，都处在欧洲近代的大转折时期。实际上，现在所叫嚷的"危机"诸征兆几乎在那时期都已开始出现，这一现实难免给日本的"近代"理解——无论是模仿一方，还是抗拒一方——很早就投下了复杂的阴影。在这种历史条件下，也就导致了"近代的超克"思想几乎与欧化主义同时登上历史舞台的状况。

"仅仅大不能算是伟大，极尽奢侈也不能算是高尚。加入到所谓现代文明大机构组织中的个人，正成为机械习惯的奴隶，受到曾由自己制造的怪物无情的统御。虽然西方高谈自由，但为了争得财富而伤害了真正的个性，为了无穷无尽的渴望而牺牲了自己的幸福和满足。西洋夸耀自己从中世的迷信中得到解放，又是如何看待对富有偶像的崇拜的呢？在现代绚烂的假面背后，又隐藏着多少苦恼和不满呢？"（《日本的觉醒》，岩波文库版，第 54 页）冈仓天心的这段话是很有"预言性"的，如果隐去其名，便可与奥尔特加[1]、瓦莱里[2]、汤因比[3]等思想家的"精神危机"的名言完全相通。

然而并不像人们单纯理解的那样，从文明开化到自由民权的一系列思想——与后来的国粹主义抬头的时代相比——它们对欧洲的理解并不是那么"天真的"。一直就有人指出，以天赋人权论为依据的民权论者中，大部分人存在着如下思想的分裂，即在国内采取自然法合理主义立场，在国际社会则采取弱肉强食的观念。（参照冈义武：《明治初期自由民权论者眼中的当时国际形势》，《明治史研究丛书》第四卷所收。）罗素曾经辛辣地指出，欧洲文化相对于中国文化的优越性，并不是基于但丁、莎士比亚、歌德比孔子、老子占优势，而是基于这样一个更残酷的事实，即平均起来，一个欧洲人杀死一个中国人要比相反的情况更容易一些。而对于东洋来说，最切身而具体的感受是，"欧洲近代"意味着与帝国主义相结合的机械和技术。但从我国来看，先是对中国的

---

① 奥尔特加（José Ortega y Gasset，1883—1955），西班牙哲学家。著作有《历史理性》《哲学的起源》等。

② 瓦莱里（Paul Valéry，1871—1945），法国诗人，有《海边墓地》等作品。

③ 汤因比（Arnold Joseph Toynbee，1889—1975），英国历史学家。主要著作有《历史研究》等。

思想文化传统抱有"传统的"自卑感，继而又对西洋抱有自卑感，因此，东洋与西洋的问题，和日本作为东洋"近代化"优胜者的问题在思想上有了交错，这种交错后来甚至强化了日本实现帝国主义的发展的虚伪意识的性格，促成了轻率的东西方"综合"观的发酵。

二

作为近代日本机轴的"国体"的创立

明治二十一年（1888）六月，天皇莅临枢密院，帝国宪法草
案审议开始庄严进行。就在这一天，议长伊藤博文首先就制定宪
法的根本精神表明了如下信念：

> 宪法政治在东洋诸国的政治史上不曾有历史可征之先例，
> 故日本施行宪法政治也不免是一种创新。因此，实施的结果对
> 国家有利还是相反，无法预期。虽说如此，但既然二十年前业
> 已废除封建统治，并与各国互通往来，其结果为谋求国家的进
> 步，舍此别无其他更好的治理途径了。……在欧洲，到本世纪
> 已经没有不实行宪法政治的国家了，但这些都是在历史的变
> 革发展中成立的，其萌芽无不远发于往昔。与之不同，对于我
> 国来说，这完全是崭新的。因此，如今要制定宪法，首先需要

寻求我国的机轴，确定此机轴究竟为何物。如果没有机轴，而任由人民妄议政治，则政治将失去统治规则，国家也将因之灭亡。……本来，欧洲的宪法政治自萌芽以来已逾千年，不仅人民对此已非常熟练，而且还有宗教作为其机轴，已深入人心，所以人心皆归于此。但在我国宗教其势微弱，无一能成为国家的机轴。佛教曾隆盛一时，维系了上下人心，但如今已倾于衰微。神道虽以祖宗遗训为祖述，但作为宗教却无力使人心归向。（清水伸：《帝国宪法制定会议》[①]，第88页）

也就是说，伊藤在开始构建日本近代化国家之时，首先就明确地承认了一个现实，即日本既有的"传统"宗教并没有形成可作为精神内部的"机轴"而起作用的传统。（在此没有提及儒教，因为儒教不是伊藤所说那种意义上的宗教，而且作为具有统一世界观的儒教思想，如前所述，此时已经解体，就像元田永孚[②]也承认的那样，儒教思想只以个别的日常德目之形式而残存着。众所周知，这种作为个别德目的儒教后来通过元田、伊藤、井上[③]等人围绕"教

[①] 岩波书店1940年出版。

[②] 元田永孚（1818—1891），儒学家、教育家。明治天皇的侍讲，编辑《幼学纲要》、参与起草《教育敕语》。其著作见元田竹彦、海后宗臣编《元田永孚文书》（3卷）。

[③] 井上毅（1843—1895），政治家。参与明治宪法、《军人敕语》、《教育敕语》的起草。参见井上毅传记编纂委员会的《井上毅传　史料篇》（6卷）。

育议"进行的讨论，被吸收到了《教育敕语》中。）对于藩阀政府来说，与自由民权运动进行斗争的那种惨烈的记忆还历历在目，因此在他们看来，没有"机轴"的宪法政治超乎想象地可怕。

这样一来，"在我国可以作为机轴的，唯有皇室。因此在此宪法草案中要致力于这一点，尊重君权，尽量不使其受到束缚。（中略）即决定此草案以君权为机轴，使其不受毁损，因而不须参照欧洲那种主权分立的精神。本来其意图就与欧洲数国在制度上君权和民权共治国家的大旨相异。这就是草案的大纲"（同上，第89页）。这一结论，作为"宪法政治"的绝对前提被明确下来了。前面①已论到，"开国"的直接结果，带来了国家生活的秩序化与欧洲思想"无秩序"的流入这种鲜明对照，至此，便归结到国家秩序的核心本身同时兼为精神机轴的方向上了。在新的国家体制中，除了设有"无论将来遇到怎样的事变，都要保住元首的地位，绝不让主权落到民众手里"（1889年2月15日，对全国府县会议长的指示，《伊藤博文传》②中卷，第656页）的政治的保障以外，同时君权还作为相当于欧洲文化千年之久的"机轴"的基督教精神的代用品，被托付了巨大的使命。这对日本的"近代"具有如何深刻的决定性意义，虽已在战后被反复讨论而近乎"陈腐"了，但是如果不触及这一问题，就无法讨论近代日本精神史的基本形态。

---

① 参见"开国的意义所在"一节。

② 春亩公追颂会编，1940年出版（上中下三卷）。

"国体"中臣民的无限责任

称为"国体"的这种非宗教的宗教，是如何发挥了魔术般的力量的？关于这一点的痛切感受，在纯粹的战后世代那里已经不存在了，另一方面，那些完全陷入此"魔术"中，并在其中享受"思想的自由"的老一代本来就无此感受。但是，这种魔术绝不是在"思想问题"这一象征性名称震撼了日本朝野的昭和以后，更不用说是在日本法西斯主义肆虐之后突然从地下冒出来的。即便是在日本自由主义或"大正民主主义"思潮达到最高潮时，它在"极限状况"下也马上露出了惊人的束缚力。

曾在东京大学执教的莱德雷[1]，在所著的《日本－欧洲》（*Japan-Europe*，1929）一书中记录了他在日期间所见而感到震动的两件事。一件是大正十二年（1923）末发生的难波大助[2]的摄政宫狙击事件（虎之门事件）。此事件之所以令他震惊，与其说是狂热主义者的行为本身，不如说是"接下来发生的事"：内阁辞职，从警视总监到路边值勤的警察等一连串的"责任者"（作者强调他们都不在能阻止凶犯恶行的位置）都受到了免去官

---

[1] 莱德雷（E. Lederer，1882—1939），德国经济学家。1923—1925 年任教于东京帝国大学。

[2] 难波大助（1899—1924），1923 年 12 月 27 日"虎门事件"（摄政宫裕仁亲王，即后来的昭和天皇狙击事件）的肇事者。

职的惩罚。不仅如此，连犯人的父亲也被革去众议院议员[①]之职，在家门前围起竹栅栏，足不出户；乡里的人也取消了正月的庆祝，进入"丧"期；连大助所毕业的小学的校长乃至班级训导都因曾经教过如此不法之徒而辞职。这样一种对责任的漫无边际的承担方式，还有把这看成理所当然的社会的无形压力，在这位德国教授眼里，完全是一幅异样的光景。他举出的另一件事，即（大概是在大地震时）为了抢救出在大火中燃烧的天皇照片，很多学校的校长都因此殒命。"进步团体曾提议，应该让此等怕遭不测的天皇照片远离学校。与其让校长们烧死，还不如把照片烧掉，这种想法居然完全没有成为问题。"（着重号是莱德雷的强调，原书第230页）日本天皇制也许的确不像沙皇主义在权力行使方面那样残忍，但是，西欧的君主制，甚至与东正教会相结合的帝政俄国，也难以想象出这种对社会责任的承担方式。这里并不是要讨论孰好孰坏，应该指出，这里潜在的问题，与近代日本的"精神"和"机构"都绝非无关，也非例外。

"国体"对精神内部的渗透性

还有，这种由臣民的无限责任所支撑的"国体"，在意识形态方面则继承了"固有信仰"以来的无限的拥抱性。因为把国体

---

① 应该是山口县议会议员。

用特定的学说或定义来逻辑化，会把国体限定于意识形态中而使其相对化，所以慎重地回避了。在消极的方面——也就是对于一旦被判定为反国体的内敌或外敌来说——国体作为一个相当明确、严厉的权力体来发挥其功能。在积极的方面，国体则被浓厚的云雾重重包裹，不轻易显露其核心。但在《治安维持法》"变革国体"的著名的第一条规定①中，国体第一次作为法律上的用语出现，这就不由自主地产生了规定其"核心"的必要*。大审院的判例中就是以"万世一系的天皇君临，总揽统治大权"之国情，即帝国宪法第一条、第四条②的规定来"定义"的（1929年5月31日判决）。但是不用说，国体并不是这种散文式的规定能够说透的。过激社会运动取缔法案经过《治安维持法》及其修正案，"进化"为思想犯保护监察法，这一过程，正是国体对待"思想"问题，越过了外部行为控制——市民的法治国家的法的

---

① 1925年公布的《治安维持法》第一条为："组织以变革国体或否认私有财产制度为目的的结社，或知情而加入者，处以10年以下的徒刑或禁锢。"1928年这一条的相关内容改为："组织以变革国体为目的的结社者，或该结社的干部及其他从事指导者任务的，处以死刑或无期徒刑，或者处以5年以上的徒刑或禁锢。知情而加入结社者或为实现结社的目的而行为者，处以2年以上的徒刑或禁锢。"1941年再次改为："组织以变革国体为目的的结社者，或该结社的干部及其他从事指导者任务的，处以死刑或无期徒刑，或者处以7年以上的徒刑或禁锢。知情而加入结社者或为实现结社的目的而行为者，处以3年以上的有期徒刑或禁锢。"
② 第一条：大日本帝国由万世一系之天皇统治。第四条：天皇为国家元首，总揽统治权，依此宪法之条规而实行。

本质——进而呈现出其作为精神"机轴"的无限制的内在同化机能的过程。这在世界史上，也正是与国家权力超越了近代自由主义前提下的内部与外部、个人的自治与国家机构的二元论，积极要求对正统意识形态表示"忠诚"的倾向开始露骨呈现的时期相一致的。由于日本的"国体"本来就既不是完全内在的，也不是完全外在的，所以照其原样就适应了"世界史的"发展阶段。日本的"全体主义"在权力统合方面，是"抱拥主义"式的（如翼赞体制的过程及其经济统制）、低效率的，但它至少在意识形态的同化方面，具有令希特勒羡慕的"素质"。在这里，超近代与前近代也非常完美地结合在一起了。

但是，天皇制作为近代日本思想的"机轴"所起的作用，并不仅仅限于对国体观念的教化和渗透。它无论是作为一种政治结构，还是作为包括经济、交通、教育、文化的社会体制，都不能缺乏机构这一层面。日本的近代化所引人注目的当然是在这一层面。把日本看作西欧型的说法，主要是关注了这种制度的"西欧化"。当然，说日本与其他亚洲国家的根本区别就在于此，这一点也是不可否认的事实。但并不是因此就可以简单地认为，在制度上虽已西欧化，但精神方面还残存着日本式的，或"传统的"要素呢[**]？问题归根结底在于制度中的精神、创造制度的精神与制度的具体作用方式是如何内在结合的，以及这种结合是如何规定制度本身与人们对制度的想法的，即问题在于日本国家的认识论构造中。从这个观点出发，如前节所论及的思想的"传统"

与"欧化"问题，也有必要重新与天皇制国家的活力联系起来进行考察。

　　*由于战败而接受了《波茨坦宣言》，因此日本统治层需要再一次——这回则是在极其绝望的状况下——被迫给国体下一个极限的定义。我方（日本）在接受《波茨坦宣言》时，附加了"在允许了不包括要求变更天皇对国家的统治大权的情况下"这一条件，对此，盟军方面的回答是，"天皇及日本政府对国家统治的权限""从属于盟军最高司令官"，日本的最终统治形式将根据"国民自由表明的意思"来决定。"subject to"在此"勉强意译为'在限制之下'"，"The ultimate form of（the）government of Japan""译为'最终的日本国政府的形态'，以此尽量避免使用可能联想到包含天皇的国体之类的政治形态或统治组织等用语"（外务省编：《终战史录》，第631页，原文有着重号）。尽管外务当局如此煞费苦心，但在御前会议中，这种写法是否意味着国体的变革这一问题仍引起了十分激烈的争论，以致推迟了投降的最后决定，这是众所周知的了。令人吃惊的，与其说是在此最后关头日本统治层依然最关心维护国体，不如说是对于统治阶层如此具有决定性意义，并在事实上作为国民统合"原理"起着如此有效作用的这个实体终究意味着什么？关于这一点，在日本帝国的最高首脑层中也得不出一致的结论，最

后只能由"圣断"来解决。而且，围绕着"圣断"是否能保全国体这一问题，军部又分裂为"承诏必谨派"和"神州防卫派"！后者认为"即便一时违背天皇裕仁的意图，但能守住皇祖皇宗以来建立的国体的本旨，那么在更大的意义上是真正的忠节"（大井笃：《天皇制与太平洋战争》，同前，第752页）。这种解释并非出人意料的想法，正如平泉博士[①]等早就"考证"的那样，其契机可以从"国体"中找到根据。权威与规范、主体的决断与非人格"传统"的束缚仍未分化地结合在一起，在无须追究二者必取其一的状态中潜藏着与"家"、同族集团或"乡党社会"（伊藤博文）密不可分的天皇制意识形态的"包容性"和"无限定性"的秘密。必须剥开层层外壳才能对最里层的核心下定义，这是天皇制的悲剧。但是，一旦摆脱此困境，那么昨日才刚刚喧嚣过的"德国、意大利还未学够"的真正的全体主义国家，现在则猛然"回忆"起从五条誓文[②]到八百万神集合的"传统"，摇身一变而声称日本国体本来就是民主主义的，八纮一宇的皇道本

---

① 平泉澄（1895—1984），主张狭隘的国体史观的右翼学者。其著作参见田中卓编著的《平泉澄博士全著作介绍》（勉诚出版，2004年）。

② 五条誓文：1868年明治天皇发布的关于明治新政的五条基本政策。内容为：1. 广兴会议，万机须决于公议；2. 须上下一心、盛行经纶；3. 官武一途以至于庶民，须各遂其志，以不使人心倦怠；4. 须破除原来的陋习，基于天地公道；5. 须求知识于世界，以大振皇基。

来就意味着"universal brotherhood"（远东军事审判中鹈泽[1]博士的说明）。从外部看来，这是突如其来的转变，但因其内部本来就具备此已知数，通过"传统"的空间配置转换，在主观上就能顺利圆满地转变。前面论述过的[2]个人的思想转向形态，在战败的国体"转向"中以最大的规模表现出来了。当然，以上所述只是指出"国体"的思想特质，但并不是因此就意味着天皇制转向后仍保持与战前的连续性，并不是说因此天皇制今后仍保有孕育着可能重新膨胀成权力和精神的统合体的原貌。

　　**只在思想或精神上承认国民或个人的特殊性，而认为政治或经济的制度是物质的，因而是普遍的，只有普遍的"近代"和普遍的"封建"，这种想法，不仅在自然科学研究者和"唯物"论者中，而且在一向据守"个性"与"精神"的文学家那里也很常见。技术、机械、生产关系、议会制，都一概被看作在同一平面上的物质"装置"，根据其有无来测定是否普遍的近代化。即使机械本身是世界共通的，但有人与人的关系介入的制度已因文化而别具个性的差异。如在法规上同样是选举"制度"，但因各个选民的投票行为的不

---

① 鹈泽聪明（1872—1955），东京国际军事审判辩护团团长。主要著作有《法律哲学》《法律与道德的关系》等。

② 参见本书"无构造的'传统'"两节。

同——例如由部落聚合的一致推选来决定候选人的情况，与个人选择占主要地位的情况，并不能发挥同样的功能。在像宪法制度那样本来就包含着政治伦理因素的情况下，更应把包含在制度中的精神的全体构造作为问题进行探讨。

三

天皇制下的无责任体系

近代认识论的构造与近代国家的政治构造之间的密切关系已由卡西尔[①]、施米特[②]等人从思想史的角度进行了阐述。这种关系也表现在类似的政治理念因各国民之相异而带有个性的组织化形态这一点上。例如在欧洲，如果说大陆的合理主义有以绝对君主的政治集中（官僚制的形成）为前提形成的法治国家（Rechtsstaat）与之融成一体，那么英国经验论则有在地方自治基础上作为自主性集团的逻辑培养起来的"法治"（rule of law）传统与之相呼应。同样是儒教的自然法思想，在中国表现出较强

---

① 卡西尔（E. Cassirer, 1874—1945），德国哲学家。著有《国家的神话》《人论》等。

② 施米特（Carl Schmitt, 1888—1985），德国政治学家。著有《政治的概念》《政治神学》等。

的规范性、契约性的特征，而在日本却表现出权威（恩情）和报恩的契机，这并不仅仅是学者解释上的差异，而是渗透到封建制或家产官僚制内部，构成其现实的作用关联的一种"精神"。幕藩制所内含的"天下乃天下之天下"的"民政"观念，到了幕末尊王攘夷思想中，便转换成"天下乃一人之天下"的"一君万民"理念，成了维新时期绝对王政集中的思想准备。但是，这样出现的明治绝对主义，从一开始，就如中江兆民所指出的"一身多头的怪物"那样，总会为多元政治构造所困扰。不言而喻，这也是维新革命派势力由激进派公卿与西南雄藩出身的"新官僚"联立，最终也没能形成一元化组织的这种社会现实的延续。这里也不难看出上述状况与世界认识未得到合理整序而使"道"多元并存的思想"传统"之间的关联。

明治宪法虽采取了"几乎在其他各国中难以见到"的大权中心主义（美浓部达吉①的话）和皇室自律主义，但不如说，也正因此，造成了一种非依靠元老、重臣等超宪法的存在作媒介就无法使国家意志达到一元化的体制。这种现象也由于一种行为方式在冥冥中发挥作用，即回避把决断主体（责任的归属）明确化，倾向于"互相依赖"的暧昧行为关系（如抬神舆所象征的那

_____

① 美浓部达吉（1873—1948），宪法学家，提倡"天皇机关说"。1935年遭到攻击而辞去贵族院议员。著有《宪法撮要》《逐条宪法精义》等，日本评论社出版有《美浓部达吉论文集》（4卷）。

样！）的方式。"辅弼"说到底，就是一边揣度统治的唯一正统性源泉的天皇的意志，一边通过向天皇进言来对其意志赋予具体内容。前面论述过的无限责任的严格伦理在此机制中，往往包含着跌入巨大的无责任体系的可能性。

明治宪法体制中的最终判定权问题

在政治构造内部极力回避主体的决断，其反面则如上述伊藤的言语所表达的那样，使从外部来驱动这"一大器械"的主体绝对地明确化，从而消除了任何关于宪法制定权力的纷争存在余地，这正是天皇制制定者的苦心所在。明治宪法之所以必须是钦定宪法，绝不仅仅是制定宪法中的手续问题，而是用以规定今后以君权为机轴的整个国家机构活动的不可动摇的方针。在这个"近代"国家中关于制定宪法的权力归谁的问题，从那以后无论从学问的角度还是实际生活的角度，都没有"探讨"的余地了。为了把其意义说明得更清楚些，让我们再次回到制宪会议来看一看森有礼①与伊藤博文、井上毅之间饶有趣味的论战吧。

在进入第二章"臣民的权利义务"一项审议的时候，森有礼

---

① 森有礼（1847—1889），政治家，特别是对日本现代教育制度的确立有贡献，于明治宪法颁布的当日被暗杀。著作有文泉堂书店出版的《新修森有礼全集》（5卷，别卷3）。

突然对原案提出重大异议。森有礼认为将"权利义务"的字眼写入宪法是不妥当的，所谓"臣民"只是"subject"，所以臣民对天皇只有"分限"①和"责任"，而没有权利，所以主张将其全部改为"臣民的分限"。伊藤马上对森有礼的观点予以反驳。他说："森有礼的主张可以说是命令我们撤销宪法学和国法学。本来创立宪法的精神在于：第一，限制君权；第二，保护臣民的权利。所以，如果在宪法中不写入臣民的权利而只记载其责任的话，那就没有必要制定宪法了……臣民只有无限的责任，而君主则有无限的权力，这样的国家称为君主专制国。……如果从宪法中删除权利义务，宪法就不能发挥人民的保护者的职能了。"在此伊藤似乎表现出堂堂的"进步主义者"姿态。那么，自从向公议所②提出废刀令③以来一直以政府内部首屈一指的开明派人物而著称的森有礼，为何在此变得"反动"了呢？然而，森有礼有他自己的见解。他回答说："臣民的财产及言论的自由等是人民天然所具有的，应在法律范围内对此既进行保护又加以限制。所以，把这些权利作为写入宪法后才产生的东西来提倡是不恰当的。……另外，如果粗暴地对待臣民天然持有的权利，无端地提倡王权而不保护民权，那就是专制。而且，内阁应是为保护臣民

---

① 其意可理解为汉语的"本分"。

② 公议所是 1869 年开设的立法机关，由公议人组成，负责审议国事。

③ 废刀令发布于 1876 年，是禁止军人、警察、大礼服穿着者以外的人带刀的法令。

权利而发挥作用的，所以即使在这里删除了权利义务的字样，臣民仍然可以保持财产权及言论自由。"论战后又继续下去，在此就不赘言了。作为实际问题，森有礼的"分限论"是不现实的，被伊藤击败也是当然的。但是，这里所潜伏的对立要更加复杂，内含着不少思想性的问题。

森有礼的主张极其类似于从斯宾诺莎^①到霍布斯^②的自然法思想，是站在官方的权力关系与个人不可侵犯的自然权利的二元论立场上的。宪法属于前者的规章，在此范围内，森有礼力图集中地把日本"国体"特殊性的内容纳入其中。但关于人类与生俱来的自由权，森有礼主张这是任何人为法和权力体系都不能包括的事实上的权利。明治五年（1872），森有礼在写于美国的《日本的宗教自由》（英文）中就尖锐地指出，不管是什么样的政治权力都不能侵犯人的内在的自由。当时的青年森有礼的思想在这里仍继续发挥着活力。而伊藤却试图把自由权完完全全地收入宪法内。自由在此便消解于实定法上的自由之中，而作为绝对的自由者独立于宪法所赋予的权利义务关系之外的，只有作为这部宪法的制定者的天皇。两者的思想的差异绝不仅仅是学院式的不同。在这里，森有礼的"二元论"的问题，在于没有回答最终决

---

① 斯宾诺莎（Baruch de Spinoza，1632—1677），荷兰犹太裔哲学家。著有《知性改进论》《政治论》《神学政治论》《伦理学》等。

② 霍布斯（Thomas Hobbes，1588—1679），英国哲学家。主要著作有《利维坦》等。

定君民相互的权利界限，即在紧急状态下能做出判断的，是君主还是人民这一疑问。而社会契约论所阐明的人民主权的历史意义也正在于此。在这个意义上，既然采取钦定宪法的原则和君主主权主义，那么比起森有礼模糊地遗留了最终判定权的问题，伊藤的主张无疑更加首尾一致。

但是，这种由宪法所"保护"的良心和思想的自由，只要"国体"自在地渗透到内在性中而具有能作为"保护监察"人民的精神的侧面，即使只是容许范围的问题，其最终就不可能成为原理上的保障。与之相对，森有礼所主张的一方面是君权在法律上的绝对性，另一方面是市民权在事实上的绝对性，这种二元论具有其现实性，仅此而言，其意识形态的粉饰性毋宁说更少。这种二元论，与自由民权运动家所高唱的"作为市民虽不自由，但政治方面能自由也可以"，以及与其追求个人领域内的自律——社会底层中近代性人际关系的确立——不如更热衷于获得参政权的想法正好相反。但是，森有礼也好，大多数的民权论者也好，当然也包括伊藤，他们都同样缺乏如下想法，即为了保障个人的、日常的自由不受权力的侵害，国民必须确保自己手中拥有对整个权力体系的正当性进行判定的根据。

对作为虚构的制度及其局限性的自觉认识

把宪法以及其他法律上的、政治上的制度，与制定制度的主体问题割裂开来，而作为既已完成的东西来论述的思想方式，与那种把思想、理论等作为既成品看待的思考方式是有紧密关联的。在近世欧洲，由唯一绝对神有计划地创造世界秩序的思考方式被世俗化，这就内在地准备了通向由作为自由责任主体的绝对君主来创造形式上的法体系、合理的官僚制度以至统一的货币制度的道路。形成其逻辑媒介的，正是使精神脱离物体，力图根据"我思故我在"的原理，以认识主体（悟性）去构成经验世界的笛卡尔。绝对君主的历史事业，是把根据中世自然法——这里的自然从属于超自然，自然秩序的各部分各自蒙受神的恩宠而构成有机的阶层秩序——所阐明的教会、贵族、行会等封建身份的自主特权解体，并使之改变为平等地服从统一主权的国家成员。这一历史事业，一方面带来了对权力的理性的自觉（国家理性的问题），另一方面把巨大的人类潜能从教会自然法的束缚中解放了出来。以这两个契机为发条的强大国家秩序的合理组织化，在包含着绝对君主制的历史局限所产生的不彻底性之中，构筑了形成近代国家的基础。而且，此时特别重要的是，正如同特洛尔奇①所指出的那样："这是国家在与教会斗争的过程中，获得了有关自己世俗权力的尖锐而明确的意识，与此同时，也认识到了既不能统治，也不应该统

---

① 特洛尔奇（E. Troeltsch，1865—1923），德国神学家、哲学家。著有《基督教理论与现代》《基督教社会思想史》等。

治生的充溢。"(《特洛尔奇全集》Ⅸ^①，第 302 页）对作为虚构
的制度的自觉认识，同时也是对虚构与现实生活之间尖锐的分
离与紧张的自觉认识。但这种自觉认识随着欧洲近代的完成以
及各种制度开始自动运转而渐渐淡薄，并在那里滋生出制度的
物神化这种"近代危机"。尽管如此，由于一方面有绝对的超
越神的传统，另一方面有市民的自发结社和再结社的精神，所
以直到今日，那种自觉认识在欧洲的思考方式中依然没有完全
丧失。经历了从霍布斯到洛克再到卢梭而完成的近代国家政治
理论，与近世认识论的发展并行，虽然各有很大的不同，但都
同样承继了主体的作为使经验世界组织化这一想法，把作为顶
端的创造主体的君主的作用转回到底层的主体的市民的作用
上。而且，此时作为虚构的国家观还结出了社会契约论的果
实，"生的充溢"与制度之间的距离感依然被保持着。使这两
者的二元紧张关系得以逻辑化的，正是确立"自然状态"和国
家状态——仍以各自不同的方法——的关系。即使"契约说"
作为一种"学说"变得陈腐以后，那种把"绝大多数人服从于
少数人"的旧有政治社会的现实看成"一个惊人的现象"的自
觉意识（拉斯基^②《政治学典范》，第 21 页），仍在上述紧张意

---

① 应为Ⅳ。

② 拉斯基（H. J. Laski，1893—1950），英国政治学家，力图调和社会主义与个
人自由。著作有《政治学典范》《国家的理论与实际》等。

识的支撑下形成了市民社会的传统，并成为不断地对权力正当性的根据进行质疑的源泉。

近代日本的制度和共同体

日本统一国家的形成和资本的原始积累的强势实施，在迅速应对国际压力，从而"不亚于外国"的目标下以惊人的速度推进。不用说，这些已经原原本本地被一刻也不停息的近代化——官僚制的统治贯彻到末端的行政村，以轻工业以及巨大军需工业为主轴的产业革命被迅速推行——所继承。之所以如此，其社会的秘密之一，在于以自主性特权为依据的封建的、身份上的中间势力的抵抗力非常脆弱。在明治政府开设帝国议会之前，不得不先创设华族制度（造出来的贵族制，这本来就是修辞矛盾），由此讽刺意味可知，像欧洲那种承担社会荣誉的坚韧的贵族传统、自治都市、特权行会、拥有禁入权的寺院等对国家权力形成社会性抵抗的势力，在日本是何等脆弱。前面论述过的"出人头地"的社会流动性之所以能相当早地形成，其原因就在于此。在政治、经济、文化及所有方面，近代日本都是暴发户型晋升的社会（统治层本身则多由这些暴发户构成），而未经民主化的"大众化"现象也伴随着科技的普及而比较早地就显著形成了。

总之，以条约改正为有力动机的制度"近代化"，只是由于缺少来自社会的抵抗力量，因而在以国家机构为主的社会各领域如入无人之境地展开。但如前所述，绝对主义的集中在权力的顶端现出了"一身多头的怪物"，与之相对应，社会的平均化也在最底层的村落共同体面前停滞下来。毋宁说处于两极间的中间地带迅猛发展的"近代化"，在制度上和在意识形态上，都是通过保留和利用顶端与底层两极中的"前近代性"而成为可能的。此时，在维持底层共同体构造不变的情况下，使其构造与天皇制官僚机构联动的机能在法制上成为可能的，乃是山县有朋[①]所推进的地方"自治制"。而以这种共同体为基础的地主、名望家[②]的支配正好成了其社会的媒介，有意地使这种结合意识形态化的，则是所谓"家族国家"观。

依据这种同族（当然包括拟制）的纽带和共同祭祀，以及"邻保互助的旧习"而成立的部落共同体，在其内部不允许个人的析离，并作为情绪上直接的结合形态来避免明确的决断主体以及露骨的利害冲突这一点上，还有作为"固有信仰"的传统发源地这一点上，在权力（特别是通过入会及水利规划表现出来）与恩情（头目与下属的关系）的非自觉地统一这一点上，可说是传统人际关系的"模范"，并成了"国体"的最末端"细胞"。其部落共同体正是与顶端的"国体"相对应，使超现代的"全体主

---

① 山县有朋（1838—1922），军人、政治家。日本近代陆军的创立者。历任内务大臣、首相。甲午战争时任第一军司令官，日俄战争时任参谋总长。
② 指对地方经济、文化、政治具有影响力的名士或豪族家庭。

义"、协商性的"民主主义"、温和的"和平主义"等一切意识形态一开始就内包于其中，正因如此，其共同体是解脱一切"抽象理论"的束缚，使之拥抱于"一如"世界中的场所*。因此，尽一切办法遏制伴随近代化而发生的分裂、对立等政治状况的要素，防止其向顶端的"国体"和底层的"春风和气养子育孙之地"（山县的话）的"自治体"内部渗透，这是从明治到昭和期间令统治阶层一直煞费苦心的事。

　　* 在这样的家中，以家长为中心，一家是一个共同体。在那里没有私有财产，共同劳动，共同拥有。尊重家中的长辈，长辈亦须体恤、慰劳晚辈。为养育子女，作为一家台柱之人必须辛勤劳动。一家如有病人，那病人当然比任何人多消费一些，但其他人绝不会说这不公平。……这里并非理论在支配，而是现实在支配。这种家族主义的特征，今天我们应打破其封建的形骸，将其作为新事物来接受。共产主义者所梦想的社会就在我们的脚下。（小林杜人编：《转向者的思想与生活》，第15页）

合理化的下降和共同体感情的上升

　　日本近代国家发展的动力机制，由两个方面无限地反复交替而形成：一方面是中央推动的近代化（合理性的官僚化，不仅成为官僚体制本身的，而且有成为经营体及其他机能集团的组织原理的倾向）向地方与下层扩散、沉降的过程，另一方面是上述以"村落"或者"乡党社会"为模式的人际关系和制裁样式——并非糖果和皮鞭（俾斯麦①），而是"眼泪的斥责、关爱的皮鞭"（《劳政时报》1942 年 8 月 21 日）——从底层上升，并转移到所有国家机构及社会组织内部的过程。所以，一般来讲，无论何种组织和集团，无论上中下哪个社会层面，都可以发现近代社会所必须要求的机能合理化——基于合理性而成立权限阶层制——的契机，与家长式的或"派阀""人情"式的人际关系契机的组合。这在认识论方面，表现为非人格的即合理思考的形式，与向直接的感觉或惯习靠拢这两者的并存；而作为机能方式，则表现为领导权不一元化，以及对他事胡乱关照的倾向（用福泽谕吉评价明治政府的措辞来说，就是"多情的老太婆"的倾向）。而且重要的是，天皇制社会的顺利再生产之可能，乃有赖于上述的两种契机——当然，因时代的变迁和组织性质的相异而占比不同——微妙地相互依存而不偏向于任何一方*。

随着近代化的推进，这个平衡可能会崩溃，需通过自上而下地灌输国体教育和从民间吸收共同体感情来不断进行调整，这就

① 俾斯麦（Otto von Bismarck，1815—1898），德国政治家。作为普鲁士的首相取得普奥战争、普法战争的胜利而于 1871 年实现了德国统一。被称为"铁血宰相"。

是那里的"统治技术"。这虽然相当危险，但最终成功了。正因为如此，无论从机制方面对其进行揭露的共产党，还是纯粹将其作为心情体系来把握的右翼民族主义者（其他的社会的和政治的条件暂且不论），都避免不了被斥责为与日本帝国的常识性的——"大人"的稳重见解——背道而驰的"极端"认识的命运。

* 当然，相对而言，在中央官僚机构和巨大工业里，形式的合理性因素，实质上或至少在方针上是较为优越的，但越是下到底层的机能集团，就越是连作为表面上的方针也会强调共同体的规定，比如到了农家的小合作组，正如农政学者定义的"所谓农家小合作组，可以理解成依存于部落内在的、非商品经济的自然村式的或传统式的凝聚力而开展种种活动的部落"（《产业组合》，1938 年 5 月，第 54 页），其与部落本身是合为一体的。但是，在大企业，如果到了最顶端，反而同族的、家产制的精神和结构会具有优势。银行、产业、商务等各部门都为持股公司的"总本家"所统合，在此下面实行"掌柜政治"，这种日本财阀的结构正是用小写字母写出的天皇制国家。

制度化的进展与"人情"的矛盾

另一方面，既然明治以后的近代化在政治、法律、经济、教育等所有领域引进了源于欧洲的"制度"，并且在不断"改良"的形式下加以推进，而日本帝国却既不能彻底进行合理的机构化，又不能只依赖于"人情的自然"，那么就不得不常常为崩溃的感觉而烦恼。也就是说，一方面占统治地位的意识形态不断发出忧虑和警告*，指出制度化破坏"淳风美俗"（"民法出而忠孝亡"——穗积八束[①]），另一方面由"下"面不断陈述苦衷，指出官治（其又被等同于法治）"偏于形式"，脱离"地方实情"。这种状况正成了玄洋社[②]、大日本生产党[③]以来的那些代表日本的"田园侠勇"的国粹团体，或直接把持农村"实情"的中小地主等反中央、反官僚主义的发酵源**，其内在的矛盾非常复杂。

第一，"实情"既然植根于共同体的习俗中，本来就与合理化即抽象化总体不相容，因而无论何种近代制度，本来就不可能与"实情"相适应。第二，"制度"往往作为既成品在各部门零散地引进，并在与制度化过程（整体的计划性与个别的实际调查结合的过程）相脱离的情况下被实施，所以，越来越招致与现实之间的恶性循环。其"改善"也不过是所谓官员玩弄机构，桌面

---

① 穗积八束（1860—1912），天皇主义的宪法学者。著有《宪法大意》《穗积八束博士论文集》等。

② 玄洋社：1881 年创立的以旧福冈藩为基地、以头山满为中心的国家主义的右翼团体。1946 年解散。

③ 大日本生产党（1931—1942）：以大阪中小工商业者为中心而组织的全国性的法西斯团体，是侵略主义团体黑龙会的近代法西斯化。

上的自我运动。第三，本来，近代的制度和规则是以社会现实的无限多样性为前提，通过对其进行规范和整顿而确立起来的，因此在那里，规则的整齐划一性是与其对"局限性"的认识相伴随的（参照上面对特洛尔奇的引用）。但在近代日本，其机制是由权力和恩情的自身统一来运转的，所以它无限制地渗透于日常生活内部，带有左右日常生活的倾向，加之其尺度被"情面"所掣肘而伸缩，以致无法发挥平衡的作用。就这样，模糊而且沉闷地笼罩到个人生活上的那种来自官僚统治或组织的压力，加上从日本社会底层升起的家长制精神被"机构合理性"所强化再从天而降，土著心情的实感便把其作为近代的制度总体、组织总体的必然逻辑来接受***。这样一来，一家一村"水泼不进"的共同体感情或对此的乡愁，在大都市杂乱状况（无计划性的表现！）的进一步刺激下，以各种各样的旋律奏出了"近代的超克"的通奏低音。

　　* 所谓"淳风美俗"就如诊断结核时注射液的阴性反应状态，因此在这里，各个农家超越共同体秩序而"直接"进入贩卖和购买的流通领域的倾向、地主对土地的脱离、青年及妇女的自主活动、投票行为的变化等一系列对农业危机产生的经济上、政治上的反应无须赘言，都市化的普遍影响——由于无免疫力而表现为更激烈的形态——大概威胁着其"健康"。不仅如此，甚至连本来应内在于部落行为方式的消极一面，也被认为是阳性转化的结果。连东北农村也广

61

泛出现逃避征兵的倾向，这在联防区司令官的报告中被说成是"自由主义、个人主义的影响"。（据 1913 年 12 月调查《各联防区管内民情风俗思想界之现状》）

   **这种反抗不一定以中央（官僚）对地方（农村）的形式来表现。在制度中的精神方面，如前所述，只要是形式上的合理性与家长式心情相复合，这种反抗，或以企业的"制度"对"进步"官僚不满的形式，也就会不断产生。明治二十九年（1896），涩泽荣一①针对工厂法案强硬地表示："我坚决反对仅仅根据偏执一方的道理来设立完全模仿欧洲的事物的做法。"（在第一次农工商高等会议上的发言）自他提出这种意见以后，从劳动组合法案到退职金积存法案，资产阶级对雇佣关系的法律规定所做的一贯抵抗，无须赘言，也是把劳资间的"淳风美俗"作为根据的。这里的摩擦存在于"近代"行政和"近代"企业之间。

   ***部落共同体的人际关系可以说是日本社会的"自然状态"，在其范围之内，也提供了对自上而下的近代化即官僚化（国家状态）进行日本式"抵制"的模式。但是，这种"抵制"形态与从实感中抽象出来的一般规范意识本来毫无关系。因此，其"反抗"作为规范的形成力量，因而作为秩序的形

---

① 涩泽荣一（1840—1931），实业家、社会活动家。被誉为"日本资本主义之父"。著有《〈论语〉讲义》等。

成力量是不发挥作用的，而只是以非日常的形式爆发。所以那往往是舍弃生活的场面，只依据时务性的"慷慨"而不通过组织的媒介，就一举地把自己与终极价值合而为一。结果反而使其抵抗，或被消解于体制方面的操作中，或大则在召妓游乐的酒馆、银座酒吧等地方，小则在乡村的集会中，通过放歌"富士的白雪"来发泄其能量，最后再次封闭于日常的"实感"世界中。由于日本的民族主义恰好是由来自底层的家族爱或部落爱向体制总体动员与官僚式国家主义的方向合流而成，所以，就如穗积八束等官府的国家主义者所感慨的那样，"我们固有的忠孝大义受国内外所钦慕，可对万国而引以为豪的……然而在国家的自觉意识方面，我们尚有羡慕欧洲一些立宪国民之处"，"所谓的忠君爱国之至情多流于粗鲁的慷慨之心，在辩论以身殉国大义的同时，又造出虚伪的事实来躲避兵役义务，隐藏资产以逃避课税"（《论文集》①，第365、329页）。近代日本的国家主义直到最后仍为其两难之境所困扰，而上述"抵制"的两面性正好与这种情况形成表里关系。此种无自然权的自然状态也许就是"潜存于日本文化根底"的东西（きだみのる②）。既然它是未经过抽象的"具体"，那么就不会从中形成质疑权力根据的姿态。

---

① 《穗积八束博士论文集》，有斐阁，1943。

② きだみのる：山田吉彦（1894—1975）的笔名，社会学家、作家。与林达夫合译有法布尔的《昆虫记》。

四

两种思考方式的对立

如上所述的状况，即一方面是由于缺乏"局限性"意识而把制度物神化，另一方面是不把自己提高到规范意识的状态而仅仅贴合于"自然状态"（实感），这种状况随着日本近代化的推进，便作为官僚的思考方式与庶民（区别于市民）的或者说"罗法"式（Loafers，据有岛武郎①的说法）的思考方式相对立而出现，形成了"组织与个人"关系的日本特有形态。而且两者起作用的层次完全不同，以致思想上不能互为媒介，反而使这两者在同一个人的头脑中能够共存，有时还能在不同的场合区别使用。结果也就出现了从这两个不同的方向有意识或无

---

① 有岛武郎（1878—1923），小说家、评论家。"白桦"派同人，著作收入筑摩书房出版的《有岛武郎全集》（15卷，别卷1）。

意识地为同一目的服务的局面。两者虽然随着近代化矛盾的加剧而出现了背离，但它们本来就内在于日本"近代"本身，用以保持微妙平衡的契机的两极分化，这就是日本的"制度"和"精神"的构造关联在认识论方面作为两极表现出来的形态。这样一来，日本的社会科学中"传统的"思考形态和文学中更为传统的"实感"信仰，这两条互不相交的平行线，就可以说是归结于同一根源了。

实感信仰的问题

日本的近代文学，是被"家"的同化和"官僚的机构化"这两股推进日本的"近代"的强大力量挟持着，在力图抓住自我的现实感的努力中摸索起步的；并且，在这里：（i）在表现感觉的细微差异上词汇丰富，而在表现逻辑性的、普遍性的概念上则不免词汇贫乏的日语特性；（ii）与以上的日语特性相关联，表现出将感情寄托于四季、自然，或者对人的言行举止进行细致观察，并且将微妙摇摆的"心情"用极度精练的文体来形象化的日本文学的传统；（iii）现实主义只作为劝善惩恶的反命题而产生，不以合理精神（古典主义）和自然科学精神为前提，因而容易与国学的那种把事实绝对化和紧密贴合于直接感觉的传统相连接，以致在自我意识内部，规范感觉极难从欲望和好恶感情中分离开来；（iv）大多数文学家（不包括鸥外①那样的例子）或是官僚制阶梯中的落伍者，或是直接环境（家和乡土）的逃逸者，要不然就是为了弥补政治运动的挫折感才进入文学领域的，不管哪种情况，都背离了日本帝国"正常"的臣民途径，是作为"多余者"为自己和他人所认定的。由于这些情况，这些文学家与制度上的近代化的关系变得松散，从而超越自觉的思想立场，不得不显著地倾向于"传统的"心情和美感。

对制度的反抗（反官僚的情绪）与对抽象性、概念性的生理上的厌恶难以分离地结合在一起，加之发育于对前述"升官发迹社会"的地位名誉的反感和轻蔑（有时是自卑感）的反俗物主义，借助佛教式的某种厌世观，便产生出俗世＝现象的世界＝概念的世界＝规范（法则）的世界这样一个等式，对合理性思考、法则性思考的反抗便越发"传统化"了。而且，也不具有像欧洲的浪漫主义者那种从根本上否定自然科学知性的精神，因为整个近代日本，对自然科学及技术成果过分依赖，日本文学家也缺乏对科学真确性存疑的强烈（或者说是顽固）态度。这样，一方面是不可否定的自然科学领域，另一方面是感觉所能触及的狭隘的日常现实，唯有这两极作为确实的世界保留了下来。文学性的实感，只存在于狭隘的日常感觉的世界中吧，若非如此，就只能满

---

① 森鸥外（1862—1922），军医、文学家。曾任陆军军医总监。著作有岩波书店出版的《鸥外全集》（38卷）。

足于以"自由"的直观，抓住绝对自我超越时空瞬间闪耀出的真实之光。而介于两者之间的"社会"这一世界则本来就是暧昧的，是不论从哪个角度都可以解释的，但最终都不外是逐渐变化而过的现象。究极的选择只归于 $2 \times 2 = 4$，或文体的问题！（小林秀雄：《致 X 的信》）

日本的马克思主义在思想史上的意义

在所有的政治和社会的意识形态中嗅出一种"不洁的抽象"，一味地沉溺于自我的实感，这种思考方式一旦压倒性地被巨大的政治性现实（例如战争）所围绕，几乎都用与对自然的现实同样"纯粹"的心情将其绝对化，关于这个过程，在此不作深入叙述。不过，最后，我想把代表我国社会科学的思考，并传统地触发了文学"实感"的抵抗的马克思主义的问题，与上述题目联系起来，对近代日本的知性构造中的问题作一个概括。

马克思主义独揽了代表社会科学的地位，这自有与其相应的必然性。第一，有了马克思主义，日本的知识界才开始把社会现实分别地按政治、法律、哲学、经济等方面来把握，而且学到了用相互联系的观点来综合地考察问题的方法。另外，关于历史，也学到了不能只用历史资料确定个别事实，或只着眼于领袖人物的荣枯兴衰，而且要寻求在多样的历史表象背后驱动历史运动的基本导因。这种综合社会科学和构造性历史学的观点，虽然在移植孔德①、卢梭、斯宾塞②、巴克尔③等人思想的明治初期出现过，但由于天皇制的统合过程，以及如同欧洲在19世纪以后社会科学的个别化专门化急速推进那样，一方面学术机构的各科起初就以专门化学问的形态引进，另一方面新闻传媒则越来越大众化，这两方面的原因使上述观点从知性世界中不知不觉地消失了。马克思主义的一个巨大的学问的魅力就在于此。

第二，与上述的内容相关联，马克思主义明确揭示出，任何科学研究都不可能完全没有前提，不管自己是否意识到，科学家都是站在一定的价值取向上进行理性操作的。以往只是在哲学方面，而且是极其观念化地意识到了的学问与思想不可割离的关系，马克思主义则以"党派性"的形态，将其推到了所有科学家面前。而且，这种思想不是用来对世界作各种解释，而是把改变世界作为自己的必然任务的。认识的主体从其直接参与的现实中隔离开来，置身于与之甚为紧张的关系中，从而逻辑性地重新构成世界，这样才能使理论成为推动现实的杠杆。这种自笛卡尔、

---

① 孔德（Auguste Comte，1798—1857），法国哲学家，社会学之祖，著有《实证哲学讲义》《实证政治体系》等。

② 斯宾塞（Herbert Spencer，1820—1903），英国哲学家、社会学家，主要著作有《综合哲学体系》十卷。

③ 巴克尔（Henry Thomas Buckle，1821—1862），英国历史学家，著有《英国文明史》。

培根 ① 以来当然地内在于近代知性中的逻辑，在我国可以说是因马克思主义才得以被大规模地唤醒。另外，在我国这个向来没有基督教传统的国家，也正是马克思主义以广泛的社会规模教会了我们："思想"不单是书斋里精神享受的对象，还肩负着人之为人的人格责任。即便共产党人的大量转向，如前所述 ②，其思考方式大多数是以传统的形式出现的，但思想的转向好歹也以各种形式留下了一种良心上的印记，这至少在以往的"思想"中是看不到的。仅由此也可以明白，把马克思主义给日本知识分子带来的深刻影响与他们对待其他的外来思想那样，一概归结为日本人的追逐时尚和知性好奇心，是多么肤浅的观点！

理论信仰的产生

然而，马克思主义在日本能具有如此巨大的思想史意义，还缘于当时的社会悲剧与不幸。近世合理主义的逻辑与基督教的良心以及近代科学的试验操作精神——这三者作为现代西欧思想的传统，或明或暗地成为马克思主义的理论资源。而究竟由怎样的世界观来把这三者的任务兼于一身并付诸实现呢？日本的马克思

---

① 培根（Francis Bacon，1561—1626），英国政治家、哲学家。科学的方法与经验论的先驱。著有《新工具》等。
② 参见本书"无构造的传统（一）（二）"。

主义难堪如此重负，这也不足为怪。反过来说，第一，凡理论性的东西、概念性的东西、抽象性的东西，都遭到了日本式感性的抵抗和排斥，马克思主义也必须完全承受这一切。第二，不仅马克思主义者，一般的哲学家、社会科学家、思想家也在这一点上多少有些相通，尤其是专家以外的广大读者或是政治家、实业家、军人、新闻工作者等，在把哲学、社会科学作为一种"教养"来重视时，则以更激烈的形式表现出对理论乃至思想的拜物教倾向，正是因马克思主义具有体系性，故而人们认为似乎这是马克思主义特有的。也正如马克思主义独占了"思想问题"一样，直到今日，人们仍认为公式主义①是马克思主义的专利。这时，"公式"所包含的意味和机能几乎没有得到反省。而且，马克思主义以外的主义、世界观、教义等在日本的土壤中被理解和信奉时，难道没有形成不亚于马克思主义的公式主义吗？此类问题亦往往被人们忽略。

理论信仰的发生与制度的拜物化在精神构造上是对应的。近代日本在引进制度或"机制"时，并不是将其作为创造源泉的精神——自由的主体站在严密的方法自觉的立场上，将对象进行概念性整合，通过不断的验证将其再构筑的这种精神——而是作为既成品来接受的，与此相对应，在此往往不是重视其从现实出发的抽象化作用，而是重视其被抽象化了的结果。因此，理论、概念等就失去了作为虚构的意味，反而转化成了一种现实。因此，

---

① "公式主义"，是丸山真男针对当时日本人文和社会思潮中存在的把马克思主义教条化的倾向而言的。——编者

外国的教员们常带着讽刺的意味发出惊叹，说日本的大学生、知识分子通过各种各样范畴的"抽象的"组合进行概念操作，比起西方人来更得心应手。

然而这样一来，被置于与现实同一平面的理论，与丰饶的现实相比，当然就显得贫乏而可怜。特别是对于前面所述的那种与"实感"紧密结合的文学家来说，这种理论几乎是难以忍受的精神上的暴力。由于公式成了公式主义，所以对其的抗拒也就成了对公式本身的蔑视，以致实感信仰与理论信仰形成了一种无尽的恶性循环。

另外，第三，在理论与现实的关系上，作为总体世界观的马克思主义，其特有的思考方式与日本的知识分子的思考方式相结合，进一步加速了理论的拜物化倾向，这一点也是不能忽视的。众所周知，黑格尔主义主张密涅瓦的猫头鹰①到了傍晚才起飞，即当一定的历史现实几乎毫无保留地得到展现之时，哲学才会理性地把握之，并使之上升到概念的层次。马克思主义是在继承这一立场并将其逆转的过程中成立的。世界的总体性自我认识的成立正好成了世界没落的印证，这正是马克思试图将资本制生产全过程理论化的超乎寻常的能量源泉之所在。然而，对历史中的现实进行总体性把握这种想法，一旦扎根于日本这个传统上还缺乏把理论作为虚构来思考的国家，往往会导致轻易地信仰理论（乃至法则）与现实之间会形成某种预定调和的倾向。

①　密涅瓦（Minerva）的猫头鹰：密涅瓦是罗马神话中掌管技术的女神，密涅瓦的猫头鹰被认为是智慧的象征。

理论的无限责任与无责任

本来，理论家的任务并不是与现实融合，而是根据一定的价值基准，对复杂多样的现实以一定的方法进行整理。因此，整理后的认识无论多么完美，既不可能是无限地完全包容复杂多样现实的东西，也不可能是现实的代用品。就是说，在理论家自身的责任里，理论是从现实，不，是从现实细微的一部分中有意识地抽象出来的东西。因此，在理论家的眼中，一方面要致力于严密的抽象操作，另一方面要看到在现实中，自我对象之外有无垠的旷野，其边际总在朦胧的亮光中消失，需要常常具有对这种无法完全把握的现实的断念*，与对在操作过程中遗落的素材的爱惜。这种断念与对遗留事物的感觉，能培养对自我理性操作的严格的伦理意识，并且能唤起试图精力充沛地推进理论化的冲动。

但是，无论是对实践（实感！）的自卑感形式，还是对理论的拜物化形式，在理论被置于与现实相同层次而进行竞争的知性风土里，上述黑格尔→马克思的思考方法动辄便产生以下的结果，即由于认为自己所依据的理论立场原本就是总体地把握现实的，或能够总体地把握现实的，所以对责任就没有了限定。那种对无限的现实负有无限责任的原则，实际上反而表现为对自己学说在理论上的无责任。更糟糕的是，这种无责任由于被暧昧的人道主义感情所中和而不能被敏锐地意识到。本来，由于总体性的理论化而积蓄了对现实的负债，这种负债是通过现实的总体性变革来偿还的，但马克思主义的这种构造只有在使总体变革提到现实日程上来的情况下，或即使不这样，也只有在其组织论把自然成长性与目的意识性的结合，包括从日常生活层次到最高层次的问题，在各自的层次都能有效推进的情况下才能够实现。如果缺乏了这两方面的条件，而只推进理论的拜物化，那么就无法避免会转化为如下结果，要么出现革命在社会科学和历史学中求得安慰的所谓革命学院主义（academism）倾向，要么成为经典（《资本论》）的训诂注释学。

如反复所述，以上的问题并非只在严格意义上的马克思主义者之间才能看到，这多少是至今为止伴随着日本社会科学而来的倾向。社会科学与文学不同，本来就是逻辑与抽象的世界，并且（暂且不论其好坏）由于其不一定需要潜入自我精神内部——不一定需要通过个性的媒介——只要根据科学的"规矩"就可以进行对象性操作，所以，至少凡是被理论化的内容，其受日本的思考方式直接束缚的可能是非常小的。正因为如此，被对象化的理论与其背后活生生的人的思考方式间的分裂就很容易显现。社会科学式构想与文学式构想之间的错位，以如同日本中的"欧洲"对"传统"问题那样的形态出现，也正由来于此。真正的问题难道不是两者从相反的两面共同印刻出来的日本"近代"认识论的特质吗？只有社会科学家与文学家都共同认识到这一点，才能拓展出两者共通的平台。而要切断前面所述的官僚式思考与庶民式思考之间恶性循环的根源，当务之急也就在这里。

*让我们回想一下前面所引用的特洛尔奇关于制度化与现实间关系之说。"理论是灰色的，唯生命之树常青。"这句歌德的名言，也是列宁最喜欢的一句话。但是，这句话也有着各种各样的歪曲表现。第一，这些表现给那些认为理论的追求终归与人生中本质的东西无关，如二叶亭①曾说的"其不足为男人一生之事业"的那种慷慨派或实感密切派提供了正当化的根据；第二，那些以激进方式进行运动的"实践"占了优越地位；第三，一方面"坚持"理论的经院主义，另一方面对"实感"进行机会主义式追随，等等。（我们知识分子以各种形式抱有对民众的自卑感，因此，一旦面对"民众的实感"，这种精英的弱点便会暴露。）所以，"理论信仰"与"实感信仰"在同一个人身上也就可以并存而无碍了。

---

① 二叶亭四迷（1864—1909），小说家、翻译家。著作收入岩波书店出版的《二叶亭四迷全集》（17卷）。

结　语

在这里，让我们再一次地回顾这篇论文的出发点吧。我们的传统宗教，没有一个能与新时代流入的意识形态进行思想交锋，并通过这个交锋使传统自觉再生，因此，新思想一个一个地被无秩序地积埋，使近代日本人精神上的杂居性愈演愈烈。日本的近代天皇制正试图把权力核心同时作为精神"机轴"，用以对付这种事态，但是，因国体是以杂居性的"传统"本身作为自身的实体的，所以，它并不能成为将我们的思想进行实质性整合的原理，而只在否定性的同质化（异端的排除）作用方面发挥了强大作用，它对于人格性主体——无论是自由认识主体的意义，伦理责任主体的意义，或是秩序形成的主体的意义——的确立，从一开始就包含着成为决定性桎梏的命运。战后的变革使得这个似是而非的"精神机轴"一举倾覆。在这里，原本存在于日本人精神状况中的杂居的无秩序性，由于第二次"开国"几乎显露到了极限。"思想界的纷乱"——自明治以来，这曾是统治阶层以及道学保守主义者的共通说法。但是，思想与现实之间自由地相互交流的条件，在战前明显地受到了阻碍，就此看来，可以说，现在我们才开始迎来了真正的思想的纷乱。实在不知从中会产生出什么，但是可以确切地说，我们已经不能从这个地点折回，也没有必要从这个地点折回了。

加藤周一将日本文化在本质上规定为杂种文化，指出过去试图将日本文化纯化为国粹性的或西欧性的所有尝试都失败了，他提议不如从这种杂种性中导出积极的意义。这是值得倾听的意见，其旨趣大抵可以赞同，但尤其关于思想方面似乎还需要若干的补充。第一，也有在不好的意义上"积极"肯定杂种性的东西融合论或辩证法统一论"传统"，这已经不胜枚举；第二，我在这篇论文中经常使用精神的杂居这个用语，问题毋宁说正存在于异质性思想没有真正相互"交"流而仅在空间上同时存在。多样的思想如果在内面进行交流，那么从中可期待杂种一词所意味的新个性的诞生，但如果仅仅是调调情或吵吵嘴的话，顶多只会导致前面所说的那种没有成果的论争不断重复。

我曾经用"蛸壶文化"和"茶筅文化"的比喻，将在基底中具有共通的传统文化的社会，与最初就已实施了专业分化的知识集团或意识形态集团形成各自封闭的"蛸壶"，只使用伙伴言语而难以形成"共通的广场"的社会，进行了类型上的区分，并把日本归为后者的典型。（参照本书第三篇文章《关于思想的存在方式》。当然，这种类别化只是为了将某一个特征加以强调，并不是将其作为普遍的社会形态论。）且不论在战前作为"机轴"的天皇制成为一种公用语而连接在各个"蛸壶"之间，在战后，那已不能通用了，且由于国际交流的激增，出现了与其国内各集团、团体之间相互交流，不如以各自的途径进行国际交流更能说得通的奇怪现象。当然其反面，随着战后的社会流动性的增加和大众传媒的发展，不同集团之间接触的机会大大增加，这也的确是事实。

在历史学家当中以昭和史论争[①]那样的方向来进行的太平洋战争史研究，很早就开始进行，并出版了著作。其偶然以新书[②]的形式出版并得以普及，便成了论争的契机。不料这场论争显露了社会科学家的历史观与文学家的历史观之间的严重隔阂。这反过来说明，两者之间的交流在此之前是多么匮乏。从这层意思上来看，用与以前完全不同的价值基准来考虑事物的知性群体进行相互交流对话——如果不受大众传媒的负面毒害的话——那是有可能成为来自多种经验的抽象化在各自领域中得以磨炼的一个条件的。如果进一步从大众的规模来考虑，拥有多样的争论点、以

---

① 昭和史论争，是以 1955 年出版的《昭和史》（远山茂树、今井清一、藤原彰著）为发端引起的论争。此书在关于昭和的战争责任方面只注目了决定历史潮流的经济基础，而忽视了人的作用，这一点在论争中受到了批判。参见大门正克编著《质疑昭和史论争：叙述历史的可能性》，日本经济评论社，2006 年。

② 新书：出版物的形式之一，指以比 B6 号纸型还小的开本收入较为轻松的读物的丛书。

多种层次（阶级区别、性别区别、世代区别、地域区别等）的组织化纵横交错，也许能防止由于价值关心的单纯集中所导致的思维惰性（福泽谕吉所指出的惑溺），并在提高自主性思考方面起作用吧。然而这样的社会条件，在另一方面，同时可能使认识的整合变得越发困难，甚至固执于片断的"实感"，或将其误认为是新的思想形态，总之这也是使诸如此类倾向变得更甚的条件。把杂居提高为杂种的这种能量，不管是作为认识还是作为实践，如果没有强韧的自我驾驭能力的主体，就无法产生。由我们来创造出这个主体，这正是我们的"革命"的课题。

［本文译者为区建英、刘岳兵］

第二章

近代日本的思想与文学

——作为一项案例研究

前　言

政治—科学—文学

　　在昭和九年（1934），所谓"文艺复兴"之口号在日本媒体中登场的时候，户坂润在其题为"反动期的哲学与文学"的文章（收入户坂润：《日本意识形态论》，白扬社，1935）中，以一如既往的辛辣口吻指出，广泛存在着一种"所谓批评就是指文艺批评的迷信"，并这样写道：虽然说是"文艺复兴"，但在此"所要复兴的却不是包含了科学及生产技术在内的文艺乃至文化，而单单只是作为文学的'文艺'"。而且，根据此后聚集在其旗下的评论家们的说法，是让宗教、神学以及形而上学与文学结合在一起而得以复兴。结果，最后只有科学在这个运动中被漏掉了。甚至不如说，"由于文学、宗教、神学等复兴而被打倒的旧权威，正是科学"。也就是说，与欧洲文艺复兴的情况正好相反。

　　像这样，直到昭和十一、十二年（1936、1937），也就是在整个被称为日本的"文艺复兴"的时期，户坂都作为对"文学主义"最有战斗性的批判者而活跃着。文学中的理论性与直观性、合理性与非合理性的话题此时再次兴起，被文学杂志及综合杂志频频提起。当然，就像后来能看到的那样，这一现象的发生有其相应的历史原因，不一定就可以说户坂是其导火索。但是，用"文学主义"这一概念来定义在当时日本知识界不断蔓延的混沌不清的精神氛围，同时，这种定义的方式激起的所谓"科学主义"的反向定义，导致论争以"文学主义"对"科学主义"的形式展开。就此而言，无论是对其做出正面评价还是负面评价，在很大程度上都是拜户坂所赐。总之，这一时期的"科学主义"一词就像户坂自己所承认的那样，是作为对"文学主义"这一非难之词的"应对之策"乃至"反唇相讥"而传播的（《人们说我是教条主义者》,《中央公论》,1937 年 8 月）。

《文学界》杂志在昭和十二年（1937）7 月号上，聚集三木清、冈邦雄、谷川彻三、佐藤信卫、大森义太郎、青野季吉、岛木健作、小林秀雄这些当时哲学、自然科学、社会科学以及文学领域的代表性人物，召开了名为"文学主义与科学主义"的专题讨论会。此事常被视为这一主题发展的高潮部分。在其中，大森义太郎说："说人家是科学主义，真不好！"小林秀雄道："所以说嘛，本来就不该说人家是文学主义，真不好！"（笑声）大森说："说科学主义、文学主义的，不是你吗？"小林道："这可是讨论会给定的标题啊！"（哄笑）这种对口相声般的问答，只有放在前述背景中才能够理解。

　　所谓"文学主义"与"科学主义"两个概念，即使确实如小林所说，是为方便在媒体上登载的"标题"，但其中所蕴含的实质性问题，不管从历史上来看，还是作为今天的问题，都有十分重要的意义。从历史上来看，这是从昭和初期开始的"政治与文学"的主题在这一阶段的变奏，与此同时，这也可以看作二战后从"和平论"，经"昭和史论争"而至于"实感信仰"问题的，在社会科学或者历史学的把握方式与文学性的把握方式之间的交错与对立的前奏曲。在这里，我将从无产阶级文学理论中对政治性事物与科学性事物的关系的理解入手，挖掘在所谓日本的"文艺复兴"时期所提出的各个论点，是在何种思想背景中诞生的；我将在文学史上耳熟能详的"政治与文学"的主题之中，加入"科学"这一要素；或者不如说我是使"科学"这一领域独立出来，以"政治—科学—文学"的三角关系，来重新看待这一问题。希望以此尝试向近代日本文学的思想史问题投去一束新的光芒。这便是本稿的目的所在 *。

　　* 因此，本稿是将昭和初期至太平洋战争的历史时期设定为实验性的分析案例，并不打算叙述这一时期的历史乃至文学史本身。

一

明治末年"文学与政治"问题的设定方式

户川秋骨在明治四十二年（1909）的《国民新闻》（12月8日、9日号）中讨论了"文学与政治的进步"的话题。在其中，户川举出了两种说法：一种是德田秋声的说法，认为现今——也就是明治末期——的政治很落后，也就相当于文学上《雪中梅》①的时代；另一种是三宅雪岭的说法，认为在诸多文化中，文学反而是最落后的，当时的文学只有明治初期的军事学（！）的程度。户川评论这两种说法的得失后，阐述了自己的见解。要而言之，在承认文学的进步这一观念自身的模糊性的基础上，户川的结论是，虽然勉强说来，文学还是稍微比政治要进步一点，但是差别不大。我在此没有时间去考察三宅雪岭的观点的来

---

① 日本的政治小说，末广铁肠作，刊于1886年。

源，所以无法准确理解其含意，但其意思大概是说，现在最好的文学——应该是指自然主义文学吧——也不过是模仿外国文学，不断致力于输入外国文学，在这一点上，与受到法国压倒性影响的明治初年的"军事学"类似。秋骨反驳雪岭道，如果那么说的话，比起文学，"物质性的东西、有形的事物"岂不是更比不上外国了吗？虽说如此，秋骨也并不认为文学有达到超越政治二十年甚至三十年的水平，为此他举出了伊藤博文统治韩国的事例，并比较了小村寿太郎与维特①，然后说："比如说思想的解放，这可以说是文学上的一件大事。然而其事愈是重大，其成果愈显尚小。能让人感觉到此事的在日本全国也只是在极其有限的地方。"不久，石川啄木也提到了这种比较论（《文学与政治》，《东京每日新闻》，1909 年 12 月 19—21 日，《啄木全集》第九卷）。

啄木认为，正如秋骨所说，两者区别其实不大；但啄木还是认为，其实与秋骨说的相反，政治要比文学稍微进步一点。他并没有谈及其论据。其实，与比较的结论本身相比，啄木关注的是文学与政治的比较成为大家讨论的问题这件事本身的意义。他认为这是"文学与实际生活的关系正在很大程度上被具体地考虑"的证据，并断言："此种倾向，也许会被……广义上的唯美主义

---

① 谢尔盖·维特（1849—1915），俄罗斯帝国晚期的政治家，曾在日俄战争之后作为俄方首席全权代表参加日俄朴次茅斯媾和谈判。

者们付之一笑，但也许有一天这将会成为一大势力，为将来的日本文学的内容也带来某种变化。不，我认为必定会如此。"这真是啄木式的"预言"。

我之所以介绍这些讨论，乃是因其暗示了日本人在明治末年的时候，是以怎样的形式理解"政治与文学"这一问题的，将之与以后的情况相对照会很有意思。第一，这时候"政治与文学"被理解为都是朝向进步的竞争关系，看谁跑得快。第二，啄木认为"稍微先进一些"的"政治"，就像他自己在解释中所说的那样，"与其说是政治，其实叫作日本的国家势力可能更为妥当"，主要指的是日本的国际地位以及势力，也即"对外"的政治。这也符合秋骨所举的例证。反过来说，在此之外的"政治"，则没有作为比较对象给人留下具体印象。第三，与上述两点相关，啄木的"预言"正是作为预言才有意义。也就是说，现实中的政治与文学，乃至政治与（秋骨所说的）"思想的解放"，分别处于几乎没有任何交集的领域，各自在自己的赛道上奔跑。在这些讨论之后不久，发生了幸德秋水大逆事件 ① ，啄木受到巨大冲击，开始强调应该"倾注全部精神在对明天的考察上——在对我们自身的时代进行有组织的考察上"（《时代闭塞的现状》）。但是，"思

---

① 1910 年，日本社会主义者宫下太吉等因为计划暗杀明治天皇而被逮捕并判刑。以此为借口，幸德秋水等很多社会主义者、无政府主义者被日本政府逮捕、审判。1911 年，幸德秋水等 12 人被处以死刑。

想的解放"不断在其中展开的场域本身，从"国势"整体来看，原本就狭小到不足以成为问题。如果不考虑这一现实，就会为该事件在思想上的"影响"赋予错误的意义。（这一点与如何理解比如说森鸥外的《如斯》也有关。在这部作品中，森鸥外为了"引导思想向善"，煞费苦心地想要编织出日本天皇制的观念性支柱。想象一下这位官僚的形象，就能发现，这不是将激烈暴露出天皇制各种矛盾的大正末期以后的情况，逆向投影到了这一时期吗？毋宁说，森鸥外其实尖锐而鲜明地呈现了天皇制的虚构性，就这一点而言，他在"特殊"的知识人中也是非常特殊的一位。）

　　在此我想到了夏目漱石。漱石在大正五年（1916）写成的《特雷奇克》[①]（《点头录》）中介绍了英法批评家关于黑格尔以后的思想家对德意志军国主义的影响的讨论，并写道："在当今日本，政治说到底还是政治，思想也走到哪儿都是思想。两样事物虽然是在同一个社会中，却相互分离，各自孤立，而且两者之间没有任何的理解与交流。有时候以为在日本发现了两者之间的关联，结果那不过是以禁止出版的形式出现的压制。"之所以会像夏目漱石说的这样，正是因为前文讲到的那些情况依然基本上延续下来了。

---

① 特雷奇克（Heinrich Gotthard von Treitschke，1834—1896），19世纪德意志历史学家、政治学家、政治家。提倡权力国家思想，支持反犹主义。

袭击文学世界的"台风"

给这种"政治与文学"或者"政治与思想"的"关系"的状况带来了一大转机的，是第一次世界大战后劳工运动、社会运动的勃兴，以及喘息之间紧接着席卷而来的马克思主义和共产主义的"台风"。随着"国势"即国家的对外发展达到了顶峰而难以为继，对内的政治开始唤起思想界的强烈关注。这使得与"国家"相区别的"社会"的意识成长起来，由此，各个文化领域都被不由分说地赋予了这样的任务：在与新登场的"社会"的关联中，找到自己的立身之地。大正末期就是这样的时代。（从1921年前后开始，大山郁夫在"社会集团"中，长谷川如是闲在"生活事实"中，各自去探求政治的基础，由此而几乎于同一时间开始尝试把"政治学"从以往的"国家学"中解放出来——前者的《政治的社会基础》与后者的《现代国家批判》是其各自的象征。他们和河上肇、枡田民藏等日本马克思主义经济学的创立者的私人关系也很密切。）

尤其是在文学上，"台风"的影响特别深刻和复杂。人文科学和自然科学好歹有"大学"作为堡垒，而几乎完全没有受到国家庇护的文学，反过来也对"国势"表示毫不关心甚至轻蔑，由此而孕育出的文学性的自我，如今突然置身于狂风吹拂之中，必须决定自身的去向。

"社会"登场所带来的政治与文学赛道的接近

首先，最重要的是赛跑的含义不一样了。如前所述，迄今为止，"国势"与文学的道路严重分离，因此，政治最多成为评论家的兴趣所在，对于一般的文学家来说，并非多么切实的问题。然而，现在不是"国家"的政治，而是"社会"的政治登上了前台，作为"机构"的政治与作为"运动"的政治相互对峙，于是政治的跑道突然偏向原本属于"民间"的文学的路径。而且，"社会"与曾经的自然主义或白桦派①所与之对峙的"世上"或"世间"不同，分裂为阶级；并且，伴随着交往手段的发达，社会像机械一样带着非人格的样貌，映照在文学家的眼中。不管怎样，上述变化与所有人都相关。在从"世间"向"阶级社会"发展的背景下，政治与文学的赛道急速接近，对此做出回应的，是从《宣言一份》②，经《播种之人》③，至无产阶级文学的发展流脉。而与此流脉交错对立，主要从人际关系的"机械"化这一侧面出发来理

---

① 近代日本以创刊于 1910 年的文学杂志《白桦》为主要活动阵地而展开的文艺思潮，歌颂生命的价值，创作重视理想主义、人道主义和个人主义的作品。代表性人物有武者小路实笃、志贺直哉、有岛武郎、柳宗悦等。

② 《宣言一份》是有岛武郎 1922 年 1 月发表在《改造》上的评论。面对俄国革命影响下日本蓬勃发展的劳工运动，它认为像作者自己这样的知识人不会成为变革的主体，最终只会被纳入体制之内。

③ 《播种之人》是近代日本的文艺杂志，1921 年创刊，是日本无产阶级文学运动开始的标志。1923 年停刊。

解问题的，则是发源于新感觉派 [1] 的所谓现代主义的动向。

即便如此，在无产阶级文学中，特别是在其蓬勃发展的时期，"文学与政治"赛跑的意识换了一种形式继续存在，这一点不可忽视。如后面将会谈到的那样，无产阶级文学史对日本文学思想整体而言所具有的"革命"性意义其实在于，"政治"不再是"文学"身边横向并列的选手，而是作为"绝对者"，纵向割裂了文学的内在世界。要清楚地自觉到这一变化的意义，还得等到从昭和四、五年（1929、1930）开始到所谓的转向者文学时代（昭和八年以后）。[2] 在那之前，只是在继承赛跑的"传统"的同时，比较显著地呈现了完成意义转换的一面。平林初之辅的名文《政治性价值与艺术性价值》（《新潮》，1929 年 3 月），首次尖锐地反映出了上述两个侧面的交错，就此而言，这是一篇划时代的作品。那么，文学与区别于"国势"的"社会政治"的赛跑，究竟意味着什么？众所周知，从"二七年纲领"到"三二年纲领" [3]，"革命"的性质在不断地迅速变化。以这种紧迫性意识

---

① 近代日本以 1924 年创刊的同人杂志《文艺时代》为据点而活跃的一批新锐作家，如横光利一、川端康成等，因其崭新的文学表现手法而被称为"新感觉派"。

② "转向"一词在日语中主要指思想与政治立场的变更，经常用来特指二战结束前因日本政府的弹压而放弃社会主义、共产主义信仰。其标志性事件是 1933 年 6 月日本共产党委员长佐野学与锅山贞亲一起在狱中发表"转向"声明。

③ 指共产国际在 1927 年、1932 年通过的关于日本革命形势和日共任务的指导性纲领。

作为思考的前提，所形成的问题意识便是：形势在如此迅速地发展，而文学却在做些什么呢？与先进的"政治"相比，"文学"是落后的，如何才能克服这一点？"革命"的脚步宛如万雷轰鸣一般震耳欲聋，如果不以这种紧迫感为背景，很难理解围绕艺术评价的基准或者内容与形式的关系，以及创作活动与组织活动的关系的问题，所产生的喧嚣议论。

马克思主义对日本文学的"冲击"

其次，席卷文学世界的"台风"，若是仅仅止步于赛跑的意义转变，那就应该不会对甚至"布尔乔亚"文学领域都产生那么大的冲击。我已经在本书第一章"日本的思想"中论述过，马克思主义在近代日本精神史的整体中，具有怎样的划时代意义，此处不再赘述。但其对于我国文学传统来说意味着什么？这一问题首推小林秀雄来回答。对马克思主义文学批评而言，小林曾经是（或许现在也是）其最难缠的敌手。

"我们直至今日甚至连在批评这一领域中也几乎没有接触过科学，这么说并不过分。就在这种状态下，突然引进了极端科学性的批评方法。自不待言，它是随着马克思主义思想而来的。……对于文坛来说，接受科学的批评方法，实在太过突然。完全没有任何准备。当然，其反响大于实质。这种被夸大了的反响，使得不论是导入这一方法的人也好，还是接受这一方法的人也好，都忘记了在我国批评史的传统中，甚至连与这一方法类似的方法都不曾有过。这是批评家们谁也不曾指出的我国独特的情况。有人说，你的批评是资产阶级自由主义的批评，这可不行。然而，被批评的人本来从未想过自己做的是自由主义的批评，现在试着一想，觉得自己的批评应该就是自由主义的批评吧，于是反而更加自我陶醉起来。这种复杂而滑稽的情景，到处都在上演。如果不考虑上述我国独有的情况，是无法解释清楚的。"（《关于批评》，1933）

这真是非常高明的见解。在日本，"自由主义者"的自我意识是通过马克思主义才培育出来的，这个问题不仅对于文学，对于日本学术史和思想史的整体性理解，也具有决定性的重要意义。（在此请大家回顾一下河合荣治郎的自由主义——他以异乎寻常的热情，在"存在论"之上，分成"五个阶段"，构建了一个井然有序的"思想体系"。其动机本来是对抗马克思主义，其理论自身却成了"公式主义"的完美样本，真是讽刺。）但是，小林所说的问题——迄今为止，日本的传统之中连与马克思主义方法相类似的方法也没有——至少与其他领域相比，在文学中表现得尤其强烈；相应地，文学内在精神的动摇也非常剧烈。小林在一年后写下的文字更具体地阐述了"冲击"的意义："直到今天，短篇小说无论是作者还是读者，都自然地占据着优势。何以如此？一言以蔽之，就是因为日本文学缺乏思想性。在马克思主义文学输入之后，日本文学才开始认真处理具有逻辑性结构的思想。因此……那种焦虑与苦恼，只要回顾一下自己写过的东西，就足够了。"（《读〈纹章〉与〈风雨渐急〉》，1934。小林的这些"评论"与之后的《私小说论》大有关系。）

当然，科学的批评、实证的方法之类的词语，自从法国自然主义进入日本以来，屡屡被拿出来讨论。但是，在这里使用的"方法"，几乎没有超出"技法"的意义。当然，正如很多人都已经指出来的那样，即使作为"技法"的理解也是非常模糊不清的。但是，不管怎样，即使有着对于"科学""实证"等象征符号的憧憬，或者即使对其有怀疑，他们也不认为这些"方法"会在根本上动摇文学的自律性。当时，人们最多只是认识到，问题在于可以在多大程度上对其加以"吸收"。在这种意义上，可以说，"科学"和"文学"当时毕竟还是被视为两个看谁跑得快的范畴。

马克思主义却正是名副其实的"世界观"，因此情况就完全不同了。它不是对文学家而言可以任意"取长补短"的简单的"技法"，而是那种一把抓住人类整体不放松的、"具有逻辑性的结构"的思想。欧文·豪①曾道："意识形态表现了人们作为克服社会生活的抽象性的手段，想要拥有抽象观念的努力；反映了被逼入此种境地的人们的激情。"（《小说与政治》，中村保男日译）正是当"世间"突然作为非人格的事物而映入人们眼中的时

---

① 欧文·豪（Irving Howe，1920—1993），美国文学家、社会批评家。

候，马克思主义作为具有上述意义的、日本历史上最初的意识形态闯入了日本文学的世界。

铭刻在文学家心中的对马克思主义的印象

看看无产阶级文学度过全盛期之后，非马克思主义文学家是以怎样的语言来描述马克思主义的特征的，就会明白这一"台风"残留下了怎样的痕迹。这一点非常有趣。其所用表现手法愈是简单，反而愈能从中窥见在这些文学家的精神之中作为所谓精髓而沉淀下来的东西。譬如在横光利一的《纹章》中有一段非常有名的文字，其中山下久内说道："你大概也知道，在日本最近开始传入了马克思主义这种实证主义精神。受其刺激而产生的东西，比如自由，大体是怎么回事儿，这点儿东西还是必须要知道的，否则就算不上是知识人了……"读者刚想着"原来如此啊"，结果稍后横光却又写道："日本马克思主义的问题在于热爱概念超过任何事物。没有搞清楚热爱现实与热爱概念之间的区别，就爱上了概念，这样的马克思主义，最终结果就是被现实所复仇。"（《觉书》，1940）居然是爱概念超过爱现实的实证主义！另外，阿部知二在《围绕文学》（《文学界》，1937年7月）之中写道：在大正时代，文艺感性的标准——什么是美？什么是艺术？——不论是在文坛还是在读者当中都是存在的，"显然可以认为，马克思主义的'理性主义'就是对这种标准的一场革命"。虽然这里非常难得地给理性主义慎重地加上了引号，但是极多的作家只是简单化地称马克思主义的方法是理性主义，或者逻辑主义。如果你想着"原来是这样啊"，却又马上会发现伊藤只强调了马克思主义与理性主义相对的、作为"实践性伦理"的侧面——虽然是在战后的回想："从我开始写散文的时候开始，马克思主义就从根本上动摇了文学的世界。这一实践性伦理势头惊人，似乎要改变作为艺术的文艺的性质，令人感觉难以与之对抗。"(《我的文学生活》,《新文学》, 1948 年 8 月)

　　上述引文讲的都是人们年轻时受到马克思主义的内在冲击后的体验，而另一方面，像正宗白鸟那样的大家，被日本自然主义的现实感觉渗透身心，相应地对于思想的"抽象性"的意义却几乎无感，在其眼中，马克思主义系统的文学批评就像是儒教式劝善惩恶思想的直系子孙。青野季吉曾被其当头棒喝："如今的志士型批评家难道硬要我们的文学成为某种主义或者某种思想的宣传品吗？这种批评家，与读了马琴①就被其劝善惩恶主义所感动的人毫无区别……感觉像是坪内博士的《小说神髓》②出现之前的陈腐之物。"(《关于批评》, 1940)即便如此，对于日本近代文学而言，马克思主义既是日本最初的实证主义，也是理性主

① 曲亭马琴 (1767—1848)，日本江户时代后期的小说家，代表作有《南总里见八犬传》等。
② 坪内逍遥 (1859—1935)，日本小说家、评论家，1885—1886 年刊行《小说神髓》。

义；既是科学的方法，又是实践性伦理。这是多么不容易的"主
义"啊！

昭和文学史的光荣和悲哀

嘲笑这些文学家对于马克思主义理解的肤浅是很容易的，但
实际上马克思主义之中无疑也是存在着上述那些要素的。同时也
必须注意到，笛卡尔以来的欧陆"合理主义"和英国"经验论"
基本上是近代哲学中相互对立的两大潮流；另外，19世纪的实
证主义是作为18世纪的启蒙理性主义的反命题而登场的。这些
都是哲学史上的常识。启蒙"理性主义"是唯物论，但是孔德
"实证主义"的顶点反而是观念论。马克思主义则是"辩证地"
扬弃了合理性与实证性之对立的唯物论。自然法思想是完全立足
于普遍性的概念，作为其反命题，浪漫主义则着眼于历史的特殊
性。对于这两者之间的对立，马克思主义的世界观不像黑格尔那
样"观照性"地，而是"实践性"地进行统一。就思想史而言，
无疑正是如此。然而，说起来何等容易，做起来又将如何呢？至
少，如果观察一下昭和初年日本文学界的状况，就会发现：一方
面是"布尔乔亚"文学家的混乱，将实证主义与理性主义，抑或
服从普遍规律的意识与尊重历史特殊性的意识，都胡乱搅和在一
起，按照各自的理解，给马克思主义贴上不同的标签；另一方面
则是马克思主义评论家乃至前卫作家思想的僵化，将前述所有这

一切都在统一性的"体系"的名义下，肆意挥舞。这两者就其社会意义而言，其实基本上是相同的。在近代欧洲各有其渊源和来历，并在各种各样的逻辑组合之中发展而来的思想要素，被简单地凝缩成一个"科学的世界观"，并将其带入艺术的世界，而马克思主义在其中承担了作为其综合象征的功能。日本无产阶级文学史的，不，以无产阶级文学作为起点而展开的整个日本昭和文学史，其光荣和悲哀，就在于此。

从政治（即科学）优先到政治（即文学）优先

前述两种要因——即（1）文学同政治相互竞争的意义的转换，以及（2）"具有严密逻辑结构的思想"对文学的侵入，这两个基轴形成了"台风"的基本构造。并且，这两个基轴通过"政治——更准确地说是基于无产阶级立场的政治——是对科学的自觉运用"这一命题，内在性地结合在一起，难以分割。正是这种意义上的"政治优先于文学"的意识，才导致问题的产生。有人说，昭和文学史区别于明治、大正文学史的最大特征在于，围绕政治和文学的相互关系，展开了连续不断的苦战（平野谦：《战后文艺评论》，1956）。当然，昭和初期的文学所面对的"政治"，与从日中战争到太平洋战争时期的文学所必须面对的"政治"，性质完全不同。

对于这样从一种"政治"向另一种"政治"的急剧演变，如果不是仅从考察"外界"政治的变动引起了聚焦内部世界的文学的何种反应的观点出发，而是一边挖掘文学自身的政治观，一边追寻其演变过程，就会发现：上述处于起点的"台风"的特殊构造，在结果上是给作为无产阶级文学的"转向"或"反动"——这不一定直接意味着政治上的反动——而出现的各种发展倾向，打上了某种共通的印记。我认为这也在很大程度上左右了战时体制下文学的存在方式。由此，本文形成了这样的主题动机：通过纳入文学对"科学"或者说"理论性的东西"的把握方法的问题，将政治与文学的二元对立关系，重构为一种三角形的关系。

下面试着从上述观点出发，提前把台风的"反动"做一个大致的概述。起始于"政治优先"原则的文学同政治之间的关系，以昭和九年（1934）无产阶级作家同盟的解体为标志，其重心开始发生微妙的转移。与其并行的是，本章开头所述的"科学主义和文学主义"的问题，被放大后摆到评论界的面前。昭和十二年（1937）日中全面战争爆发以后，随着近卫"新体制"运动的发展，以"科学主义对文学主义"的形式提出的问题渐渐淡去了影踪，文学被更直接地放在同"政治"的关系中来讨论。昭和"文艺复兴"这一所谓的小阳春时期，与文学被放到同科学的关系中成为集中讨论对象的时期，正好大致吻合。

当然，不可能以公开讨论的主题截然划分具体阶段。但是，至少在昭和八、九年（1933、1934）前后，观察角度有着显著的区别。大约在昭和八、九年的时候，"政治优先"的问题被有意识地推向前台；文学的方法与科学的方法的问题，也是放在与"政治优先"问题的关系中进行讨论的。而以前的情况则是大体上与"政治"剥离的文学同"科学"之间的关系问题，这构成文学评论的主要题目。本来，在昭和之初，人们意识中"政治性价值和艺术性价值"的关系，是呈锐角的，方向虽有一定偏差，却并非彼此尖锐对立；然而，正是以那种"科学主义对文学主义"的论点为媒介，它终于旋转变向进入其关系为矢量相反的、"政治性价值"居于优先地位的时代。下文将首先讨论，在第一阶段的"政治优先"的原则之下，"政治性的事物"与"科学性的事物"的思想性关联蕴含了怎样的问题性。

二

无产阶级文学理论中政治性及科学性的全体主义（totalism）

从青野季吉倡导"目的意识性"（《文艺战线》，1927 年 9 月）开始，全日本无产者艺术联盟逐步向日本无产阶级文化联盟转换。经由这一过程，确立了"政治对文学的优越"；这一原则最深刻的依据，就植根于前文所述的两个基轴在思想上的粘连。因此，关于全日本无产者艺术联盟系统的文学的"误谬"，也不能单纯说是党的方针和指令左右了作家的行动——包括创作活动和组织活动——结果扼杀了作家的自发性与创造性，所以行不通。仅凭这样的解释是无法解决问题的。比如，为全日本无产者艺术联盟提供了指导理论的藏原惟人（笔名佐藤新一），主张向来处于混沌状态的无产者文学，应该彻底转到"确立共产主义艺术"的方向；然而，他在《全日本无产者艺术联盟艺术家的新任务》（《战旗》，1930 年 4 月）一文中，也说："我们绝不是要求艺术家在作品中原封不动地表达我们的政治口号。相反，我们……。我们说'确保和扩大党对工人、农民的政治和思想的影响'是阶级艺术的使命，却没有搞清楚政治口号与艺术的特殊关系，在此可以看到我们在提出问题的方法上的缺陷。"

当然，在现实中，被指令和口号所左右，这一最单纯意义上的"政治主义"，以"将帝国主义战争转向革命"这一意识为背景，可能曾经风行一时。然而，即便如此，以创造为生命的作家们，无论多么相信党的无谬性，也不至于全都被前述那种朴素的政治主义完全左右。如果问题真的这么简单，那么即便不是中野重治提出"艺术中没有什么所谓政治价值"的主张，断然拒绝政治主义，应该也没有那么困难吧？倒不如说，只有把全体性地认识现实的理论及世界观，内化到创作方法之中，才能够真正贯彻这一方针：政治，也即阶级斗争的全体性，必须真正被艺术性地形象化。还有一点，政治性的全体主义（totalism）——在此，这一用语是为了方便与所谓极权主义（totalitarianism）的概念相区别——与科学性的全体主义，以相对而立的形式，一起强压到作家头上。正是在这两点之中，蕴藏了"政治优先"的原则之所以能够发挥那么大威力的秘密，而这也是甘愿被现实牵着鼻子走的思想酵母。

龟井胜一郎在《我的精神历程》一文（《龟井胜一郎著作集》第二卷，1952）中，将"政治性动物"的第一特征，列举为"理论性"。这是龟井在全日本无产者艺术联盟时期的切身体验所孕育的真实感受，这一点恐怕是毋庸置疑的。然而，同样显而易见的是，这样的定义方式与世界历史上"政治性动物"的实体大概是相反的，与政治学的常识也完全不相符。比如，E. 施普兰格尔（Eduard Spranger，1882—1963）——虽然他并非政治学者——的《生命的诸形式》（*Lebensformen*，1922）一书中有个著名的尝试，将人划分为各种类型，从理论人到审美人和社会人等，直至宗教人。其中，权力人（Machtmensch）的形象作为"政治性动物"纯粹的结晶，和理论人（Der theoretische Mensch）的形象之间究竟有着多大的差距？看到这一点，就会明白龟井的观点多么有违于一般常识。从马基雅维利到埃德蒙·伯克，从俾斯麦到列宁，不管是从政治思想史上看也好，还是摘取伟大政治家的话语也好，都认为真正的政治智慧（wisdom）就在于近乎本能地时刻警惕这种危险性：被"一般原则"限制了对具体状况的灵活应对。在这种意义上来说，政治现实主义虽然不是投机主义的，却经常要求随机应变。正是因为随机应变，才能对随着情况变化而产生的新问题有敏感的反应，才有可能领先"现实"一步，制定新的方案。（所谓与世沉浮的现状追随主义，并不认为具体状况是能够改变的；就此而言，其与政治现实主义是相反的。）

然而，对"政治性的人"的龟井式的认识，在日本的无产阶级文学运动，不，是在整个日本的无产阶级运动中，都具有不可否认的现实性。

政治性的与公式性的

认为作家同盟的错误在于其"政治性的公式主义",这种自我批判,或者是来自反对者的批判,在运动的衰落期广为盛行。然而,政治性的事物本来就不是公式主义的,反过来说,公式主义的事物也不会是政治性的。这一极为理所当然的道理并未被视为当然。当作为自我批判或他者批判,用到"政治性的公式主义"这一短语时,无论对此批判本身是否接受,不管是谁都能马上明白:说的就是这个意思。"政治"与"公式"大概是两个本应无法琴瑟和鸣的词语,却如恩爱夫妻般被结合在一起,而人们对此丝毫不觉讶异——这一事实所象征的政治观才正是问题之所在。就是这样,政治中的非理性因素被割舍,或者至少是被轻视。这是将政治性事物与法则性事物等同视之的"政治优先"思想所孕育出的第一个结果 *。

　　* 在此我并非想说,从马克思主义政治观中诞生这种结果,有着无法摆脱的必然性;而是根据经验观察,发现这种倾向曾经有着很高的发生频率。其实,甚至可能现在也是如此。举个手边的例子——佐佐木基一的论文《日本的法西斯主义与日本的艺术至上主义》[讲座《现代艺术》(五),1958]中写道:"这个时代的特征在于,非理性主义的哲学或思想否定一切关于客观性现实的观念,特别是敌视所有规

范着人类社会关系的法则，因而拒绝一切政治，结果导致仅仅关注自我内在精神问题的思想风靡整个社会。"敌视一切法则，怎么就会"因而拒绝一切政治"呢？不要忘记，由于敌视一切法则，故而执着于特定的政治，这样的现象在日本国内与国际上曾经何等猖獗。尤其值得注意的是，那种情况明明是佐佐木的论文所尖锐批判的对象……

政治过程中的情感动员

在这里怎么都有必要谈一下政治中的非理性问题。在政治过程中会不可避免地产生非理性要素，这首先是因为一切政治都不可避免地要对人的行动进行组织，从而必须不断动员人性中的情感要素。在革命或战乱等政治极限状况中，这些要素自然会沸腾起来。虽然日本人很容易认为，政治似乎是非人性的事物的代名词，但其实，政治的世界相比法律或经济的世界，弥漫着强烈得多的人的气息。政治中的人的问题构成了自柏拉图以来政治性思考中最大的主题，其根据就在于此。同样也是由于这个原因，政治学这门学问，比起与其相近的经济学或法学，被看作欠缺"严密性"的不精确的学问。

本是充满人的气息的政治，却从中屡屡产生极其非人性的后果，这里大概潜藏着政治中最大的悖论。法西斯主义政治中的拷问、暴行、集体屠杀以及其他各种各样的非人性要素，直接产生于构成了法西斯主义意识形态核心的非理性主义和反智主义。与此相对，现代的其他某些主义或作为其思想源流的雅各宾派民主主义的政治过程中的非人性要素，往往起因于其"理论"的封闭性和完美主义被直接移植到实践层面。前者在本质上认为政治是非理性的，故而视非理性行动为理所当然；与此相对，后者过于简单直接地把政治，尤其己方阵营的政治，理解为理论性的或者说是法则性的东西，反而在具体结果上屡屡导致非理性情绪肆意横行。

在昭和时代最初十年（1926—1935）的初期，左翼的或同情左翼的知识人之中，不关心政治的倾向增强，这不仅是因为运动遭到反复镇压，运动领导者纷纷转变立场，还因为，被整体性的"理论"剪裁舍弃的非理性情绪，本来掩埋堆积在潜意识的世界中，但是由于运动的受挫而急剧浮现在意识层面，从而对与"理论"画等号的"政治"，产生了各种形式的反弹。有的作家在声明转变立场和脱离运动之后，依然在心底燃烧着共产主义"信条"的火焰，使他们受到巨大冲击的是关于苏联图哈切夫斯基事件①的报道。报道也使得一部分原来的无产阶级作家，在思想上更加接近一直挥舞着反政治的"文学主义"大旗的小林秀雄等《文学界》主流作家的路线。但是，使他们受到冲击的关键，不

---

① 米哈伊尔·尼古拉耶维奇·图哈切夫斯基（1893—1937），苏联元帅，军事理论家，死于斯大林发动的"大清洗"。

仅在于重新认识到活生生的政治现实所带来的厌恶和恐惧，还在于他们不得不面对一个问题：对直到昨天还是同志的人展开"大清洗"，是大家都承认的苏联领导人斯大林的决定。

例如青野季吉在《萧条的无产阶级文学及其课题》(《中央公论》，1927年3月）中提到关于反革命审判的"地狱般惨状的报道"，坦率地讲述了自己受到的冲击："迄今为止，可以说我们大体学习了革命的逻辑学，却几乎没有学习过革命家的人性论"，因此一旦接触到类似这次的事件，就"心慌意乱、手足无措"。青野写道："用革命的逻辑学无法解释清楚革命家的人性观。而忽视革命家的人性观的所谓的革命的逻辑学，是何等残缺不全，自不必多言。"由此出发，青野进而主张，为了开展反法西斯斗争，无产阶级文学不能满足于对法西斯主义做出政治学、经济学的批判，有必要将"法西斯的人性论"夺为己有。这鲜明地体现了青野对所受冲击的理解。

一方面，"政治主义"或者"科学主义"的一元论完全遵循"革命的逻辑"；对于被依据此逻辑而舍弃的东西的关心，在这种一元论看来，不过是小市民的感伤主义。另一方面，"文学主义"的一元论，则认为反正政治就是这样的东西，是与我们无缘的俗世。青野立足于这两者之间，将政治中的人性，作为文学课题孜孜以求。他在这一点上的态度应该予以高度评价。而且，青野曾经划时代地提出"目的意识性与自然生长性"的问题，因此在运动的分裂中历经磨炼，饱受正统派谩骂。即便是这样的人物，他在接触到这个"外国"事件以前，也没有明确意识到，政治中的情感性的即非理性的要素与革命的"逻辑学"之间的裂痕"问题"。这一事实，反过来也证明了过度理性主义的政治观在日本马克思主义文学理论中是如何的根深蒂固。

就此意义而言，包括放弃共产主义的"转向"作家在内，所谓日本昭和文艺复兴期的领军人物们，将对"政治主义"的反抗，与对那些被"理论"所舍弃的人性要素的拥护紧紧结合在一起，是理所当然的。但是，对于政治全体主义与科学全体主义，他们进行的也是全体性的回应，这使得他们一心只在非理性的东西中，追索文学中的人性的课题。因此，他们的"反政治主义"在面对专门将非理性的侧面展现在其面前的、特定种类的"政治"时，自己内部已然丧失了对其进行批判的原理。他们继承了日本无产阶级文学的负面遗产，即封闭的"科学"观与"体系"观，并将文学与其对立，在此孕育了以后所有悲喜剧的起因。

政治中的"决断"

不过，所谓政治中的非理性要素，当然并不仅仅意味着非人性的残虐，也并不只是表现为在政治过程中不可避免地要调动猜疑、恐惧、憎恶、嫉妒等人类感情。它还拥有第二个发酵源：不管怎样的政治过程都是由大大小小无数的决断积累而成的（当然，这并不是个别决断简单相加的总和）。无论怎样的历史法则，无论多么精密的现状分析，面对将要做出决断、采取行动的人，都无法以能够计算和测量的方式，预测接下来会发生什么。理论不管是多么"具体的"理论，都具有一般的即概括的性质，所以理论与个别的具体状况之间永远存在着断裂，而跨越这一鸿沟，最终唯有依靠"破釜沉舟"的决断。

这不仅适用于巨大的政治决断，例如在革命局势中决定是否应该在"此时此地"发起总攻；在不管多么日常，不管多么细微的政治状况中，所谓"不做不知道"这样一种"赌一把"的要素，伴随着每一个具体的决断。而在"试着做了"的瞬间，行动便已被纳入状况之中。"试着做"之前的状况，是"理论性"分析的对象；新的状况已经变得与之不同了。布丁的味道不尝不知道，这句话在政治上的真实性，正是在于它理论性地概括了在个别的决断与法则性认识之间不断反复出现的紧张关系的情况。规则无法完全吸收非理性因素，对此必须要"赌一把"，正因如此，这种赌是需要自己负责的。如果不是这样，而是将整体性的理论对应于整体性的现实，就会认为"正确的实践"是从理论中内在地、必然地导出的东西。在这种想法的作用下，本来是人格性的决断，却常常被理解为源于一般性即普遍性的事物，如无产阶级、人民大众或者某种世界观等，于是，不但政治性责任意识会相应地退化，而且也会看不到自己负起责任来改变现实状况的可能性。

作为思维方法的全体主义和官僚制合理主义

　　法西斯主义意识形态将政治中的"直觉"和"赌博"的要素绝对化、自我目的化。认为"例外状况下的决断"（卡尔·施米特）优先于规范和逻辑，正是法西斯主义的"逻辑"。这就是为什么法西斯主义是原理性的政治至上主义。与此相反，正如曼海姆[①]做过的类型化分析那样（《意识形态与乌托邦》英文版第三章），将行动全部想象为规则演绎的结果，将决断的要素尽可能地排除在视野之外，则是典型的法治国家官僚的"合理主义"思考*。曼海姆还与上述思考模式相区分，认为马克思列宁主义的辩证法思考的特质在于，将整体性状况分析中的理论性的即主智主义的思考（这是其不同于法西斯主义的地方），与对革命性实践中的非理性要素的承认（这是其不同于官僚式思维以及资产阶级自由主义思维的地方）结合在一起。然而，暂且不论他这种理解的对错，在现实的马克思主义运动中，更不用说在个人的思考中，上述两种契机以正确的比重维持平衡是非常困难的。例如，在无政府公会运动至上主义传统强大的地方，非理性飞跃的要素占据优势；在自由主义传统强大的地方，则是重视理性讨论的乐观主义占据优势地位。正如这种情况所显示的，在特定

[①]　卡尔·曼海姆（Karl Mannheim, 1893—1947），德国社会学家，倡导知识社会学的研究。

国家的文化或政治传统的影响下，思维方式总是容易向某一方倾斜。

　　那么，在日本是如何倾斜的呢？这本身就是一个需要进行独立的思想史研究的题目，在此姑且简单梳理一下。福本主义[1]以来正统派"理论信仰"的构造，与其说是资产阶级主智主义的东西，不如说更接近于官僚制合理主义（和法学中的概念法学相对应）。这与下面两个事实恐怕不无关系。第一，在传统上，日本的合理的即规范主义的思考，继承了作为德川家产官僚制意识形态的儒教，特别是朱子学的系谱。第二，领导马克思主义运动理论战线的成员大多是帝大新人会[2]出身的精英。

　　*以所谓法秩序一致性（Geschlossenheit der Rechtsordnung）观念为基础的"法治国家"的官僚的思考方式，制造出了曼海姆所谓的"封闭的即静态的逻辑体系"，所有裁定或决断都完全被看作是这种体系的具体化。因此，面对具

---

[1]　战前日本共产党的重要领导人和理论家福本和夫（1894—1983）主张为了将运动发展为政治斗争，需要从外部向劳动者灌输马克思主义的先锋党所开展的理论斗争和政治斗争。1926年刊行《社会之构成及其变革过程》《经济学批判之方法论》《理论斗争》等，使其思想在日本共产党内及其支持者中风行一时，被称为福本主义。后因受到共产国际"二七年纲领"的批判而失去影响力。

[2]　新人会是战前日本以东京帝国大学为中心的学生运动团体。1918年12月成立，1929年11月解散。是战前日本学生运动的核心团体。

体事件或状况，即使实际上是从他们的立场出发实用性地处理事务，也从原则上将其做法解释为完全是从法规出发的逻辑性演绎。一切都作为体系的"内在"发展乃至自我增殖而被合理化，但是，这反过来也导致，面对新的情况或事实，比起通过新的立法使体系适应新的事态，更可能的现实是孕育出极端的机会主义，完全是通过自己的主观行动而相机处置。当面对难以测算的非合理的现实——比如不安的社会氛围或动乱——时，因为是以体系的完全自足性为认识的前提，所以这些现实就会被看作完全是来自外部的，是对内部均衡的干扰。

　　无论是官僚的，还是资产阶级的，与完美主义相结合的理性主义，反映在科学观上，便表现为这样的思考方式：从唯一正确之真理，或者第一原则出发，孕育出相互间有着不可割裂之关联的各种法则，这具有逻辑上的必然性；宇宙完全被这些法则所支配；只有通过唯一正确的方法论程序，才能认识这一切。与此对立的是实验性的科学观，自不待言，这种科学观作为一种连续不断的过程来理解方法问题：不断着眼于"已知"法则的例外现象，发挥想象力，提出假说，然后通过基于经验的试错过程来检验这一假说。这一"理论"不是唯一的也不是绝对的，因此面向新的经验永远是"开放"的，重视汇集、综合多人的经验（实验）。当然，没有怀疑的精神，理论之假说性的意识就建立不起来。（只是，绝对的怀疑，正如笛卡尔所说，与对绝对肯定的追求之间，仅有一纸之隔，往往最终归结于完美主义。）

关于这一点，回到当前的主题来说的话，平林初之辅的政治与艺术二元论，并不是作为"怀疑一切真理的怀疑论者"而提出来的，而是立足于这样的考虑："对这种新的未解决的问题保持怀疑，一般来说，对理论家而言是不得已的。这不是什么坏事，反而是令人期待的事。与之相反，过于急切地建立不完备的标准学说才正是应该避免的。"这一点超越了其二元论本身的不足，在今天也应该被充分肯定。立足于这种稳健的怀疑精神的"开放的"科学观，在近代日本的文学家中，以二叶亭四迷、夏目漱石、森鸥外为代表。从历史角度探索这种科学观与他者意识之间的，因而也是与市民意识之间的关联，是一个很有趣的课题，但这里就不再进一步深入了。

政治的整体观与日常政治之间的完全对应关系

当伴随着过度合理主义的政治全体主义支配了人们的思考时，"政治"的具体表象就会被集中收敛于政治的整体观，例如全国性的或者国际规模的阶级斗争。这种整体观（下文暂且将其称为"大政治"）毫无遗漏地渗透到每一个具体的政治过程之中，并将其涵盖在内。"大政治"与日常政治的完全对应关系成为人们的固定观念。围绕具体作品考察在无产阶级文学中，"政治性事物"是如何被形象化的，现在的我无暇顾及这一工作，只能留待其他机会。现在我可以指出的是这种情况：评论家自不待言，甚至作家也是，一旦有意识地谈到"政治"，上述的"大政治"，或者说政治的大目标，便取代了对政治过程本身的界定。就这一点而言，例如提出"政治性价值和艺术性价值"问题的平林初之辅，他认为："马克思主义虽然是一种世界观，但其最为紧迫的目的就是要将无产阶级的全部力量集中在这一点上，即完成由组织起来的无产阶级夺取资产阶级政权的政治任务。"（前引）与此相对，曾断言"艺术中没有什么所谓政治价值"的中野重治，如此定义"斗争"："斗争就是为了夺取国家权力的斗争，就是为了垄断生产手段而重新编制现阶段作为阶级对抗工具的政府。"平林与中野其实完全是一致的。两者都是在定义政治斗争所要达成的目的或目标，而非政治过程本身。

当然，并不是说在运动中事实上不曾考虑日常性的人际关系调整、不同团体的组合等问题。然而，问题在于，他们并不是把"大政治"置于同日常政治的所谓积分关系中进行把握，而是将日常政治（也可以称作日常斗争，只是政治越是下降到日常性人际关系的层次，就越会带有无法用"斗争"一词完全表达的复杂微妙的内容）在观念上理解为宛如"大政治"的单纯的缩小再现，即小写的全社会或全世界规模的阶级斗争。这与前文所述那种认识论上的问题显然同出一源，即轻视对"理论"无法涵盖的个别性的决断问题的思考，而且缺乏根据在日常性的观察中的例外事件来建立假说的、科学的思考过程。这种用政治上的全体性将细微的日常性完全吞没的思考方法，反映到文学创作的问题上，就不可避免地会出现这样的主张："即使在艺术中，当今的社会现象即题材，如果不在全国性规模、世界性规模上把握，就没有真正鲜活的意义。……或者说，不论多么琐细的、看似局部性的题材，都要和整个社会的性质以及当今历史进程的性质联系起来处理。现阶段无产阶级作家的任务就在于此。"（胜本清一郎：《艺术运动中的先锋性和大众性》，《新潮》，1929 年 6 月）

方法论全体主义的典型

将这样的政治观与科学观的全体主义，精致地理论化到艺术方法之中的，是藏原惟人的艺术论。其《关于艺术方法的感想》（《纳普》，1931 年 9 月）详细列举具体例证，论述唯物辩证法的艺术创作方法。愈读此文愈是会让人禁不住觉得，作家被要求完成的是近乎神迹的任务。虽然在此无法对这篇论文进行整体性的评价，但还是试着来讨论一下他在艺术创造中，将可以概括的现象与无法概括的现象进行区分的观点吧。

据其所言，艺术与科学一样，要将现象概括为一般性的事物，但其运用的是与科学不同的特有的方法（这一点本身当然是正确的）。但在这样做的时候，假如是有着本质性差异的现象，便不能对其加以概括，也不应加以概括。例如，在同一时期，同一地点，由同一类领导者所指挥的若干租佃斗争，可以对其进行概括。但是，城市无产阶级的罢工与农业劳动者的罢作就不能进行概括。而且，也不能对不同的时代进行概括。只是，今年春天的斗争与今年夏天的斗争，是可以进行概括的。这不单纯是时间长短的问题，重要的是要看到"其时代的本质性差异"。比如"三一五事件"①之前与之后的斗争，就不能合在一起称为同一个斗争。藏原基本上就是这样论述的。

在此所列举的关于概括的例子，作为历史认识的问题也蕴含了极其关键的要点，所谓"本质性的"差异，究竟是指什么呢？如果限定分析问题的视角与范围，可以说"三一五事件"之前与之后的状况有着本质性的差异，但是，并不能说这种差异是"绝对的"吧？比如，如果将"九一八事变"之前与之后的斗争形态的差异视为"本质的"差异，那么，从这一观点出发来看的话，并不着眼于"三一五事件"之前与之后的差异，而是着眼于其共通性进行概括，也是完全可能的。要而言之，在藏原的思考方式中，基本上完全排除了这些可能性：改变认识问题的视角，或是对观点设定不同的顺序、进行各种各样的排列组合。这也是理所当然的结果。藏原认为："既然无产阶级的观点即辩证唯物主义

---

① 1928 年 3 月 15 日发生的日本政府全国性地镇压日本共产党及相关人士的事件。

的方法，是认识现实的唯一正确的观点和方法，那么根据这种观点和方法所处理和统一的现实，就与现实中的客观事物是完全一致的，是现实之本质的表现。"（同上）这是因为，如果认为只有从唯一正确的观点出发，才有可能表现事物的本质的话，那就根本不会考虑对观点进行改变或者组合的问题。无论是能概括的事物，还是不能概括的事物，都以其不可动摇的客观性，被封闭在"现实"之中。虽然一般认为藏原理论的缺陷在于过度运用马克思主义的"逻辑"来解释文学的方法，但实际上其最大的问题在于此前已经形成的对"逻辑"与"科学"的把握方式本身，而且这绝不仅仅是藏原一个人的问题。

政治（即科学）观的崩溃——日本共产主义者
"转变方向"的起点和终点

就这样，在日本的无产阶级作家的创作和组织活动中，作为原则的基准就是，所有日常性都一般化为"大政治"。正是这一点导致现实结果反而是将日常生活任由小政治翻云覆雨。由此，林房雄发出了不知是悲鸣还是豪言壮语的呼声（《为了作家》，《朝日新闻》，1932 年 5 月等）："作家的实践不就是在出席委员会之余，创作能够打败歌德和托尔斯泰的大文学吗？"在全日本无产者艺术联盟系统的运动遭到持续镇压的同时，放弃共产主义信仰的思想转向也开始萌芽。首先，作为对被细分化到日常生活之中的"政治优先"原则的反弹，开始要求更加重视创作生活；其次，对大肆宣扬一般性原则，压倒了作为个人所面对的问题的倾向，也产生了反弹［请看看岛木健作的《一个转机》（《改造》，1935 年 10 月）中，以"阶级斗争的谎花"对女党员的描写方式］；最后，终于达到中野重治所谓的"对一般性的诅咒"，完成了一个发展周期。

"大政治"和日常政治在整体上是一致的，这已经成为公认的原则。对这种一致性的确信，一旦由于"客观形势"的急剧变化而开始崩溃，往往就倾向于进一步发展到对"抽象的""大政治"本身也全盘拒绝。在第二次转变方向 ① 之前，龟井胜一郎在《作为艺术性气质的政治欲》（《文学界》，1934 年 8 月）一文中写道："在黑暗时期，将一切败退和消沉的根源，背负于一身之上，绝不退缩。"当此之际，这才是真正的政治能动性的表现。"所谓政治主义就是对党派的盲目追随所导致的非政治主义的悖论式表现。"龟井把过去的理论全体主义重新解读为非政治主义，同时在被理论全体主义所压抑的非理性情感的沸腾之中，尝试寻求艺术与政治的炽热融合。在此，鲜明地浮现出了这位浪漫主义者已经为下一次飞跃做好了准备的身姿。

---

① 龟井胜一郎曾参加左翼政治运动，1928 年被捕入狱，1930 年声明"转向"，改变思想立场，被保释出狱。这是他第一次"转向"。1932 年他参加日本无产阶级作家同盟，作为文学评论家而活跃一时。1934 年刊行评论集《转型期的文学》之后，他又第二次"转向"：脱离左翼文学，转向日本浪漫派。

日本近代文学中的国家与个人

对始于昭和八、九年（1933、1934）的，以"转向"问题为主题的所谓转向文学，从文学史的阶段划分或社会背景分析等角度出发，已经有很多出色的研究，在此无须赘述。只是，若将其与前述明治末期以来关于文学与政治的关系问题的设定方式联系起来进行考察，那么必须注意以下几点。第一，随着"作为运动的政治"的再次退潮，被抛下的个人必须直接面对"作为机构的政治"。无产阶级文学中的个人，正是在广义的转向文学的阶段出现的。政治与文学赛跑的意识已然消失，个人与政治的内在对决被推向前台。日本文学史上绝迹已久的国家（在与社会相区别的意义上的国家）对个人的问题，在这一时期最为切实地显现出来。不少无产阶级文学家，从集团中孤立出来，独自面对牢狱之灾。从这种体验出发，作为文学的课题，他们再次提出了这一问题："我是谁？"*

> *如果暂时不谈以自由民权运动为背景的"政治小说"，以及木下尚江等人所代表的一部分"社会主义文学"，日本的近代文学中的自我几乎都是在与"家"、与"世间"、与"社会"的关系中形成的。在自然主义①确立的时代，正是

---

① 近代日本文学史上一种强调对现实进行赤裸裸的描写的文学主张，岛崎藤村的《破戒》（1906）、田山花袋的《蒲团》（1907）等为其代表性作品。

天皇制国家通过在全国确立寄生地主制来吞并社会，因而国家权威得以安然隐身于"家"和"世间"的权威的影子里（家族国家观的支配）。"那个时候在我们的身体中回响着的最强音，是义理、人情等，我们被其所掌控——不，我们其实是被社会、被社会的道德律、被传统社会的习惯所掌控。大多数人无法随自己的心意而行动，因而陷入了表与里这种不自然的二元性行动之中。'堵塞的水沟臭得不行，必须要不断冲洗。不这样，新鲜的水就不会流过来。'我们说着这样的话，肆意地表达我们的心情。"（田山花袋：《夜座》）这些话很好地传达了他们的创作动机。以体制的稳定为背景，从那个时候开始，在第二代青年中产生的自我主张的实质，如同石川啄木所尖锐地揭示的那样，只是"不以国家为问题"而已。支撑着他们的，是一种自己"与强权的存在没有交集"的逻辑："国家必须是强大的。我们没有任何理由妨碍它。但是，要让我们帮忙，那就只好说抱歉了！"这种被认为是对权力的漫然反抗的倾向，其实正是因为"国家成为我们的敌人的机会"不断减少或消失而产生的。这一悖论不可忽视。白桦派的"反世间主义"与"反权威主义"走的也完全是这一路线。对于明治天皇的死以及乃木希典大将的殉死，白桦派的志贺直哉和长与善郎的态度，与夏目漱石和森鸥外的理解方式，有着明显不同。总的来说，在白桦派的自我中，规范意识的薄弱，与此不无关系。还有，武者小路赞叹年轻的日本："权威不存在之国才是乐土。"并写道："你是个人主义者吗？""啊，在某种意义上来说，是的！""你是世界主义者吗？""啊，在某种意义上来说，是的！""你是社会主义者吗？""啊，在某种意义上来说，是的！""你是国家主义者吗？""在某种意义上来说，不是的！"(《在某种意义上》,《白桦》, 1911 年 7 月) 在此，唯独对"国家主义"，在附以"在某种意义上来说"这一限定词的前提下，给出了"否定"的回答。不难理解，这一切的背景是体制稳定所塑造的明治国家形象的后退。不能将对国家的"无视"或"蔑视"，与对国家的批判性态度，直接混为一谈。

然而，正如刚才所述，第一次世界大战后的"台风"，也在文学世界里广泛唤醒了对于不是家庭或世间的延长的、作为功能性组织的社会的自觉意识。然而，当时本是最为果敢地与国家权力展开对决的无产阶级文学作品，却直至"转向"时期，都一直没能充分形成"国家与个人"的问题意识。其原因在于：与"作为机构的政治"相对立的是"作为社会运动的政治"；而且这种时候，国家权力的维度被一味地理解为社会性阶级关系的反映；故而是在所谓"社会"对"社会"的层面上来进行把握的。(这一问题一般可以追溯到在马克思主义的国家论中，不太进行对权力本身的力学分析。)

不管怎样，直至战前，日本天皇制的特征是在日常生活中不表现为露骨的权力支配，而是作为一种社会氛围，有着无形的强制力，因此，个人要实实在在地切身感受到国家的权力性，唯有当其置身于军队、警察、监狱等本质性的暴力机构之中。在此意义上，例如有岛武郎的下述记录，或许可以成为将有岛日后所走之路与其他白桦派进行比较的一个线索吧。有岛在一年之后回想最初入伍之日，写道："我自今日起，进了断绝一切自由的牢狱，手脚被毫无建设性的汗水打湿。……此谓对国家之义务乎？何谓国家乎？何谓对国家之义务乎？……""人与人相争，世人谴责之。公司与公司相争，世人谴责之。国家与国家相争，世人谨守沉默。国家有何种权威能得以如此乎？恶魔退去！勿误人子！所谓对国家之义务，乃是做此国家所命令之事。换而言之，即做'无'所命令之事也。于我而言，便是成为'无'，是奉命成为大日本帝国光荣的二等兵。"（《观想录》，《有岛全集》，第十一卷）

"台风"的逆转与作家们不同的应对方式

围绕文学与政治的基本状况还有一个巨大的变动。毋庸赘言，那就是建立伪满洲国以后日本大陆政策的发展，以及作为其历史归结的中日之间的全面战争的展开。于是，"国势"问题再一次凸显在文学的面前。向外发展的国家，还有与之相伴随的，在内部推进的新体制运动和大政翼赞运动，这两者都逼迫着文学家决定态度。"台风"的方向逆转了。"转向作家"当中有个团体，将曾经的、与作为运动的政治进行竞赛的那种对文学的理解，原封不动地拖进了这一新的"政治"之中。政治的发展如此迅速，文学绝不能落后！（这就是所谓的"国策文学"或"大陆文学"的发展方向。）而其他团体则在民族与天皇的神话之中，发现了被排除在曾经的"政治优先"之外的非合理性，并在作为全体性的合理性的另一面的、全体性的非合理性中，肆意燃烧其文学性的自我。

旧无产阶级文学家之文学的内心化与个体化

在这些旧无产阶级文学作家的动向中，有这样一批人，他们尽管一点一点地后退，却还在一边勉强地守护着在无产阶级文学中得到培育的艺术良心的灯火，一边"跌跌撞撞"地前行，其"逻辑"最是引人注目。比如洼川鹤次郎在 1939 年写下了《艺术性的价值与政治性的价值》（收入《现代文学论》，中央公论社）一文，其中一边回顾着恰好十年之前，平林初之辅围绕同一主题与他人展开的论争，一边写道："过去，在无产阶级文学的衰退期，提出了'政治？还是文学？'的问题。从事文学活动的人，在与政治的关系中应该如何自处？又应该如何决定自己对文学的态度？这关乎在那样的时代中，每个人应该选择怎样的道路的问题。限于此而言，这一问题不仅与文学的动向相关，作为个人内心的问题，它更有意义。"但是，在今天，政治与文学这一问题"已经到了没有再次提出的必要的程度。文学变得有政治意义，政治也变得在文学上有着重大意义"。在此，洼川所说的变得有重大意义的"政治"，自然是指方向已经逆转的政治。洼川面对这种新的"政治价值"，毅然决然地提出了这样的问题："在创作方法上没有阐明与政治那种密不可分的关系的文学，在与政治的关系日益紧密的时候，其文学的艺术价值，完全是不可期待的。何以如此？因为此时文艺女神缪斯会黯然沉默。"他还说："今日的文学是想要追随平林吗？还是想要在另外某处寻找不断丧失的艺术价值的基础呢？"在此，他鲜明地展现了这样的姿态：日本的无产阶级文学在其整个败退期，从与政治的竞争，转向内心化；这一过程反而被转化为积极的象征，据此以守护文学的自律性，以求摆脱新阶段的政治追随主义。

青野季吉也在《散文精神的问题》中引用纪德的话，强调了艺术完全的自足性：过度重视政治，导致文学丧失自我，这一"古来有之的谬误，在今天的新时代也说不定会穿上哪种新装，再次出现"。青野文章的最后一句写道："有各种各样的理由令我相信，现在对此艺术的自足性加以强调是多么重要啊。以此结束本文，令我暗自感到某种满足。"这一总结难道不是在暗示方向逆转的"台风"已经集中了怎样巨大的力量，在这些作家的周围卷起了旋涡吗？"日本无产阶级作家同盟"和《文艺战线》①这两个阵营曾经有着激烈的对立，然而，洼川鹤次郎和青野季吉这两位幸存下来的作家，却同样都退而固守着文学自律性的古典立场。

在日本马克思主义的全面退潮期，拼死想要守住"最根本的道路"的无产阶级文学家，想要通过对马克思主义"逻辑"的怎样的再解读，与潮流相抗衡呢？这里再举出另外一个例子，即在昭和十一年（1936）中野重治关于"世界观"的解释。他以《马克思恩格斯的艺术论》的讲解者 F. 席勒对恩格斯的误读为线索，针对政治立场与世界观的关系问题，发展出了极其值得注意的见解（《关于 F. 席勒对恩格斯的注释》，《中野全集》，第七卷）。据他所言："所谓世界观，包含思维方式、生活方式、饮食方式等所有这些在内，一边为所有这些所影响，或者被这些所分别影响，一边又反过来使所有这些成为每个人的特有之物。这就是世界观。"中野认为，虽然在对其进行概念性的把握时，称之为世界观，但其本身是鲜活的行动，其实无法被纳入概念性体系之中。一般来说，世界观不可以"被理论体系或理论性的东西"所替换。世界观不取决于人们的思想体系，而是取决于人们的阶级生活，即"政治立场、社会思想、恋爱婚姻观、习惯、花钱方式、业余爱好、个人兴趣等所有这一切"。如果不这样考虑的

---

① 《文艺战线》是近代日本的无产阶级文学杂志，1924 年创刊，1932 年停刊。平林初之辅、青野季吉等曾以此为阵地，致力于无产阶级文学的理论化。

话，就会出现这种情况：虽然其世界观以及全部艺术活动都是反动的，但是假如在政治上是进步的，就认为这个作家作为艺术家是进步的。F. 席勒说巴尔扎克的世界观是王朝正统派的，这是搞错了。恩格斯只是说巴尔扎克"在政治上是王朝正统派"。所谓王朝正统派，指的是巴尔扎克的"政治偏见"，而不是其世界观——这就是中野重治的逻辑。

虽然解析这位诗人的话一向非常困难，但是，中野在此将"理论—思想体系—政治立场"这一序列，与"具体个人的生活方式整体—其艺术活动"这一序列相对峙，将世界观之所以成其为世界观的理由，从前一序列中剥离出来，只在后一系列中探求。这一点是很明确的。中野秉持艺术是覆盖整个人生的事物的信念。从坚持一种反政治的态度——虽然这同时也是一种全政治的态度——来说，其"世界观"从其主张"艺术中没有什么所谓政治价值"以来，是一以贯之的。尽管如此，中野在这里依然是暗自认定理论—思想体系—政治立场之间有着相互对应的关系，而且这些都与世界观不同，并没有经历个体化过程，而是作为所谓完成品被"客观地"置于其面前的。这一认识上的教条依然影响着中野的思考。

向对立物（文学主义）转变的契机

但是，关于思想与理论，为什么当一个人有意识地采用某种思想或理论，它们就会原封不动地成为他自己的理论、他自己的思想体系呢？至于政治立场，一个人意识中的政治性立场，也未必能完全控制其全部的政治行动。其实，在政治立场与政治行动之间一直存在着断裂，而行动背叛意图的问题，不也正是"理论"的中心课题吗？可见，中野重治在此依然继承了前文关于政治与理论的关系问题所指出的那种过度合理主义的观点；也正是因为他继承了这样的观点，才会想要从中拯救出被认为与艺术完全等置的人性。与此问题相关，再看一下之前说到的洼川的论文。洼川一面批判平林的观点，一面论道："就像在艺术中那样，要对现实进行具体把握并将其形象化……唯有通过不断磨炼的努力和丰富的经验，才可能得到相应的能力；很明显，这一般要比思想的发展更为缓慢。"（前引）在此，洼川不是仅仅针对平林，而是反省了过去日本无产阶级文学整体所具有的"非常强烈的思想万能倾向"。但是，进一步想想的话，不需要"不断磨炼的努力和丰富的经验"就能不断发展的"思想"，又是何等廉价的思想呢？在进入反动期以后，这些以创作方法问题为抓手，想要守护艺术的自律性与个体性的人，也依然一方面在意识形态的名义下将"科学"与"思想"混同在一起；而在另一方面，由于他们对"科学的方法"的理解，只重视其作为对既定法则的概括的侧面，结果反而使得自负为统一世界观的马克思主义的裂痕变得格外明显。

这样看来，日本的无产阶级文学中始终存在的盲点是思想的心理性与个体性的问题。横光利一和小林秀雄很早就各自开始了对这一问题的考察，深入这一裂痕，从而成为所谓昭和日本"文艺复兴"期的代表性意识形态论客。其之所以能够如此，即使不考虑其他外部条件，也自有其相应的理由。他们也同样立足于这样的观点：科学只要适用于一般性尺度就可以，但艺术不能这样。只是，他们将思想从科学一方，彻底地拉到艺术一方，从而能够更加鲜明地打出文学至上主义的旗号。

三

对文化危机的国际性反应

在昭和日本所谓的文艺复兴时期，作为讨论要点之一的科学主义与文学主义的问题，正是从昭和初期开始的政治与文学论的变种，这一点前面已经反复讨论过。但是，如果看到我前面介绍的"科学主义者"和"文学主义者"争论的情形，就将上述议论仅仅从双方的对抗和对立的层面上来理解的话，会把事情简单化。诚然，随着在无产阶级文学中的，总体来说是在马克思主义文化运动中的"政治优先"的原则，逐渐丧失现实性，以与政治全体主义表里一体的形式而内在于其中的科学全体主义浮到表面，直接与文学相向而立。这一侧面是不可否认的。然而，与此同时，也不可忽视另外一个侧面：随着法西斯以国际性规模不断扩大，特别是纳粹在德国上台（1933），不仅是共产主义者，连广大的社会民主主义者、自由主义者、天主教徒也遭到焚书、没收财产、开除公职等波及；面对极其露骨的对文化的扼杀，知识人开始进行国际性抗议，在各个文化领域提倡新的团结，以此来对抗这一野蛮的暴力；这一世界性的动向（例如，1935 年，国际作家会议召开，建立了由阿兰[①] 担任会长的反法西斯联盟），在受到接二连三的军部政变计划威胁的日本知识阶层中间，也引起多种形式的回应（"学艺自由同盟"和"世界文化"的成立等）。

各文化领域中自律性的探索

一直以来，这样的动向主要是作为"人民战线"及其可能性的问题来讨论的，但是，如果想要把政治—科学—文学的三角关系，放在这一时期整体的精神状况中去把握的话，那么，把考察问题的视角限定在"人民战线"这一本来以共产党的巨大存在为前提的范畴内——特别是对我们日本的情况而言——就不免过于狭窄了。因为，例如在和人民战线论争没有多大关系的学院派学术中，也出现了对这一状况的各种各样的反应。末弘严太郎在回顾 1935 年的法学界时说："不管是谁都很容易就会注意到，以把法律从政治中独立出来作为最高目标而发展起来的近代法律理

---

① 阿兰（Alain，本名 Émile-Auguste Chartier，1868—1951），法国思想家、作家、和平主义者。作品有《关于精神与激情的八十章》《幸福散论》《艺术体系》等。

论，近来遭到反动，这一倾向在我国也逐渐变强。近代法学的一般目标是在政治之上追求支配政治的法律原理。法学的使命，是树立一种即使是具体的政治权力也无法撼动的法律原理，据以谋求政治的安定。这是一般法学家的信念。……但是，最近伴随着各国社会形势的急剧变动，把法律再次置于政治之下的倾向在世界各地到处出现。"（末弘严太郎编：《法律年鉴》，1936年版）末弘严太郎写下这段话的背景不必多说，那就是纳粹的克尔罗伊特①、施米特等人对市民法治主义，乃至规范主义的法思想展开了激烈批判，还有1934年末发生的"天皇机关说"问题②给予日本法学界的沉重打击。由于法律解释学的固有性质，以及马克思主义法学理论的匮乏，学院派法学在社会科学各领域中相对而言最是远离"台风"的思想影响，但如今也面对这一新的"政治优先"原则，不得不开始从正面思考法学的自律性问题。

这一时期，本来到处都提出了"自由主义"的生命力问题，但是，由于发生了这样的情况——"战斗的马克思主义者"基本被从大学中驱逐殆尽——大学中"自由主义者"的动向自然在思

----

① 克尔罗伊特（Otto Koellreutter，1883—1972），德国的法学家，曾支持纳粹。

② "天皇机关说"是近代日本宪法学者美浓部达吉基于《大日本帝国宪法》提出的学说，主张统治权在于作为法人的国家，天皇是其最高机关，在内阁等其他机关的辅弼之下行使统治权。与穗积八束等主张的"天皇主权说"相对立，一度成为日本宪法学说的主流观点。但是1935年在日本贵族院受到攻击，美浓部达吉辞去贵族院议员，其著作《宪法撮要》等被禁止发行。

想上占据了很大的比重。然而，如果要在这里介绍各学科的动向的话，就会没完没了。关键是单单只有文化危机的意识，以一种前所未有的规模在知识人之间广泛传播，在这样的氛围下，科学主义和文学主义成了讨论的题目——这一点是很有问题的。

政治、科学和文学之间的同盟与对抗关系

看一下本章最初介绍的"文学主义与科学主义"的座谈会，也就能够明白，其直接动机不用多说，就是"文学主义者"等人对户坂润的挑战的回应。但是，与此同时，与会者的发言中也贯穿着一个隐隐约约的主题，即想要在哲学、科学与文学之间，寻求一个某种形式的公分母，并在此基础之上自觉地建立与政治相对的、广泛的文化团结。这一座谈会的举办无疑是处于历史的拐角上；之后不久，卢沟桥事变就爆发了；仅仅过了半年，七名与会者之中就有三人被捕，或者被剥夺了写作的自由。举出这些事实，就足以让大家明白是怎么回事了。在此之前，《文学界》同人内部尚且存在多种多样的动向，但是在此之后就失去平衡，向着众所周知的影响巨大的"近代的超克"[1]的方向，一路狂奔。

---

[1] 太平洋战争爆发不久，1942年，日本杂志《中央公论》和《文学界》展开了关于"近代的超克"的广泛讨论，河上彻太郎、龟井胜一郎、小林秀雄、林房雄等提倡超越和克服西欧近代文化，在思想上支持日本侵略亚洲邻国的大东亚战争。

那么，围绕着政治，"文学主义"与"科学主义"在当时有着何种微妙的关系呢？

在此，大森义太郎说，所谓科学的真理，"具体而言，是根据包含辩证法与形式逻辑的方法进行思考，从而产生的结果"。另外，围绕着印象的问题也展开了讨论，提出了这样的问题：与"日本有穷人"这一科学的结论相对，持有"日本没有穷人"这种文学性的印象，究竟是否有意义？在讨论中可以很明显地看出，与会者全员使用"科学主义"这一概念所表达的内容，都依然是指马克思主义的方法。尽管如此，在另一方面，同时也存在着青野季吉和冈邦雄敏锐地指出的那种状况：如今虽说是文学主义当道，但"并非单纯文学性地看待事物，也有着政治主义。文学主义的周围存在着一种模糊不清的东西，与其暗通款曲"。而且，即使是对"伪科学主义"进行猛烈攻击的小林秀雄也不能否认存在这种"模糊不清"之处。其实，①"政治＋科学"vs文学，②政治 vs"文学＋科学"，③"政治＋文学"vs科学，这样三种把握方式，不仅在这次座谈会上，而且在整个所谓昭和文艺复兴期，都萦绕不去。这么说来，科学与文学的结合，虽然被认为是模糊不清的东西，但其实面对反动的政治，本来有着携手共进的可能。这不仅仅意味着哲学家、文学家和社会科学研究者之间要和睦相处，团结一致，更意味着要以其各自有着不同的方法论这一事实为前提，共同维护存在于其根基之处的知性的自由与普遍性。然而，双方都没有看到这一方向。其实，不如说正是由于双方都与这一方向隔膜甚深，从而已经注定了太平洋战争中"文学主义"的命运。下面我不打算逐一介绍户坂润的攻击所引发的一系列的议论，而是仅就问题之所在，首先从"科学主义"的立场出发，进行重点探讨。

科学主义的盲点

小林秀雄批判风靡日本思想界的"伪科学主义"是"所学文化的堆积拼凑，而非真正的知识"，又说评论家"将责任全部推给科学，自己却逃到无责任之地"。如果说小林是在追击处于败势的"敌人"的话，也就是到此为止了。不过，他的批判毕竟是戳中了对方的痛处。对此，"科学主义"一方则或是强调"需要考虑到变得极其艰难的外部条件"（冈邦雄），或是解释，就像伽利略的科学曾经在教皇面前受到压抑一样，"文学"在马克思主义文艺批评面前也可能会受到压抑，但"这是弊端而非事物的本质"（户坂润：《反动时期的文学与哲学》），总之，仍然是要么以"客观形势论"，要么以"本质论"来逃避问题，丝毫没有向前推进。反而是小林秀雄在主张"真正的科学"是"人类之创造欲求，是想象之美"，具有"象征之真实性"。他在此所讨论的问题，也就是科学中的想象力与创造过程的问题，如果继续深入挖掘，应该能够找到以更加内在的形式探索与文学的关系的方法。如果连在自然科学中都可以说"创造的过程与个人的情感机制

是紧密结合在一起的"（威廉·S. 贝克:《现代科学与生活的本
质》，1957），那么在社会科学中自然就更是如此了。

对理性的、合乎法则的事物的彻底追求，其根本的精神能量
其实反而是非理性的。如果仅仅是将科学的世界与艺术的世界截
然二分，将一方规定为普遍性、法则性、概念性的，另一方规定
为个体性、非理性、直观性的，那么二者只会相背而行。不，不
如说"安心"于神圣不可侵犯的理论体系的精神态度，在另一个
更深的层面，因其完美主义，与"感动"于神圣不可侵犯的美的
作品的态度，其实是以表里一体的关系紧紧结合在一起的。全体
性的非理性正是全体性的合理性的——背负着相互极度憎恶的命
运的——孪生兄弟。社会科学与文学不应该是在这一方向上，而
应该是在另外的方向上发现其共通的课题。这就是三木清恰好在
同一时期提出的培养"有弹力的知性"的方向："正如在哥伦布
的鸡蛋实验中可以看到实干家的想象力一样，知性的弹力存在于
能够进行假设性运作的地方。在这一点上，可以说知性与空想相
似。不，何止是相似，在这一点上知性无法离开空想的帮助，反
之空想也必须得到知性的帮助。将知性与空想视为完全相反的、
无法相容的东西，这是错误的。……日本的小说被认为缺乏空想，
而这与日本小说中知性的缺乏并非毫无关系。也就是说，我们并
没有充分理解假设性思考的方法。"（《文艺》，1937 年 7 月）然
而，在当时的社会科学领域中，甚至恐怕在自然科学的领域中也
一样，基本上并未形成这种态度。日本的马克思主义是将理论与

意识形态不清不楚地混合并"统一"起来；而"资产阶级"科学则反过来否定一切意识形态的制约，竭力以方法论的自慰来确保其"自律性"。

对全体主义遗产的否定性继承

那么"文学主义者"的问题在哪儿呢？他们从针对"政治主义"即意识形态主义的反政治的态度出发，各自是在经历了怎样的思想历程后，终被另一种"大政治"所吞没的呢？当然，关于这个问题，有必要针对各色具体的个人来另外展开详细的探讨；将日本的这种"文学主义者"的发展轨迹，视为全部由其与马克思主义的政治性的及科学性的全体主义之间的关联所决定，是不恰当的简单化理解。然而，越是仔细地考察他们对理论、历史、概念等范畴做出反应的形态，便越是会发现，前述那种日本马克思主义的思想史功能依然制约着他们，并且程度之大，令人震惊。

在欧洲近代思想史上，代表了体系、概念组织和"历史中的理性"的无疑是黑格尔。马克思和克尔凯郭尔的工作正是破坏这一典型的"体系"拜物教。写就了《资本论》的马克思从来没有使用过辩证法的唯物论这一词语，也没有把以此为名的理论体系写成书，这是出于偶然的外部原因吗？然而，在日本，代表着体系和概念组织的不是黑格尔，而正是马克思。正因如此，小林秀雄一面激烈反对由"精心构思"所武装的、作为"思想的制度"的马克思主义和马克思主义者，一面对"成为通用货币"以前的马克思与恩格斯的个性的思考与"文体"脱帽致敬。他极度厌恶辩证法这一概念，但反过来却在对难以言说的终极事物失语之际，最终作为喷涌而出的悖论而承认了辩证法。在欧洲，被称为历史主义的思想，其实是直接诞生于对将历史看作绝对精神之自我实现（发展）的泛理性主义的反动，但是，通过所有时代都各自与神相联系（兰克）的主张，反而展现出将历史的个性绝对化的特征。

在剥离"构思"后出现的事物

但在日本，当谈到历史观点或者历史意识的时候，最具代表性的毕竟还是马克思的历史观。他将黑格尔的绝对精神替换为物质生产力，将"理性的狡黠"替换为阶级斗争的逻辑。正因如此，小林秀雄面对这种历史意识，才会采取"反历史"的态度，从而"发现"了历史个体性的理念。他写道："以前曾经认为从对历史的新看法、新解释之类的思想中完全逃离，是非常困难的。因为这种思想带着各种各样的花样（构思！）向我们袭来，一见之下，很有魅力；但在另一方面，历史这种东西只会越看就越是显得难以动摇，新的解释不能撼动其分毫。"（《所谓无常》，《文学界》，1942 年 6 月）小林并非批判其思想的内容，而是充满了想要推倒"体系"的紧张感，这种姿态兼纳马克思、克尔凯郭尔和兰克于一身，难道不是吗？其实对他而言，马克思主义这一"具有逻辑性结构的思想"，以及它所教导的抽象的"社会"的观念，作为触发个性的媒介是必不可少的。随着日本的马克思主义运动转向低潮，这种思想的抽象性作为锻炼自我的助力，越来越得到积极的"肯定性评价"，这是理所当然的。但是与欧洲相比，日本每一步都错开了。并不是说错位就不好，问题是这种错位带来了什么。在没有普遍者的日本，当普遍性的"构思"被层层剥尽之后，在其面前现身的是靠"解释"与"意见"丝毫无法动摇的事实的绝对性（其唯物有所行之道尔——本居宣长）。小林强烈的个性在这一事实（即"物"）之前，唯有默然垂首。

"一切都是可疑的。即使是到了这种时候，对越怀疑就越觉得可疑的概念碎片、思想残屑，为什么还是一副将信将疑的表情呢？怀疑一切可疑之物吧！这样就能够看清蔑视人的精神的、赤裸裸的事实的真相吧。然后可以看到你的自我中心主义即爱国心，像你的性欲一样无可怀疑。最后剩下的只有这两个东西吧。当你必须从这种处境之中重新站起来的时候，就是所谓非常时期。"（《关于神风这个词》，1939）而且，小林认为文学即思想，现实即政治，而两者之间的通道被完全切断了，因为他否认思想的交流（类似流通货币的性质）。所以，在他这里，"文学是为了和平而存在，不是为了战争"这一命题，与"在战争的旋涡中只能采取一种态度：战则必胜"这一命题（都出自《论战争》，《改造》，1937 年 11 月），两者共存，毫无矛盾。他认为，非常时期之所以成其为非常时期，其原因就在于它是例外状态，也即无论什么样的一般性的理论都无法适用的状态。"对今天的我们而言，中日战争是具有全新性质的事件，这一点是无可怀疑的。""如今，经常听到一种不知是不满还是批判的声音，说没有指导理论。但是，所谓指导理论究竟意味着什么呢？大概是指事先存在某种理论，准确无误地遵照这种理论行事，就绝对不用担心失败。如果是这样的话，那么这种理论不就是搞明白了其实现在并不存在的事情吗？如果真的有这种理论的话，还会存在什么非常时期吗？那不就是正常时期了吗？"（《事变之前所未有》，1940）这鲜明地显示了作为对过去日本马克思主义的完美理论主义的整体性否定的决断主义。当关键时刻的决断成为一种原理的时候，小林没有走向卡尔·施米特，而是走入了《叶隐》与宫本武藏的世界。①

---

① 《叶隐》是日本江户时代中期（1716年前后）佐贺藩武士山本常朝口述、田代阵基笔录的著作。强调武士要时刻具有死亡的觉悟，其名言是"武士道即死亡"。宫本武藏是江户时代初期的剑术家，著有《五轮书》，其中记述了自己与人数十次决斗并全部获胜的经历。这两者是日本传统的决断主义的象征。

结　语

　　《文学界》刊登"文学主义与科学主义"座谈会的内容的那一期，也翻译刊出了赫伯特·乔治·威尔斯[①]通过新世界百科全书的构想，提倡知性的世界性合作的文章。今天看来，这真是非常讽刺的对比。威尔斯所设想的百科全书是这样一个平台：全世界的学者、作家、记者共同合作，在收集事实与进行报道的同时，协调所有不同的意见，并做出判断——就像是"清算误解的票据交换所"。他问道，如果不实现世界的"精神统一"，如何能够克服现代的混乱？他断定，到处蔓延的这些想法——"人类只要有两个人在一起就不会有一个同样的想法。十个人十个样。科学不管到什么时候都是充满矛盾的，而神学家与经济学家怎么也没办法取得一致意见"——"大多是从退守防御立场的惰性精神

[①]　赫伯特·乔治·威尔斯（Herbert George Wells，1866—1946），英国作家、
社会活动家。

中产生的"。经常会看到这样的情况：学者或神学家极力追求完美的真理和精确无比的表述，强调彼此相异之处，但这只是过于夸大了表面上的不同，以至于双方明明非常激动地想要表达同样的想法，却在语言上正面冲突，相互批判。威尔斯提倡要更加立足于人类共通的精神、普遍的知性，创造出教育与报道的普遍性组织。他并不是要抹杀知性的个性差异，而是要在确认这一点的同时，通过组合这些差异，建立起总括性的世界概念。这是一位虽然置身于 20 世纪的现实之中，却毫不退缩地坚守"18 世纪的"启蒙精神的思想家。威尔斯当然十分清楚这会被说成是空想；面对这种批评，他昂然反问——三十年前的时候飞机不也是空想吗？

这才是真正的激进主义吧。之所以这么说，是因为激进主义的本质，就如某位思想史家所说的那样，不在于成为关于暴力的预言者，而在于这样的观念："不认为人是历史命运的工具，而认为人是社会的自由的创造者。"也就是说，"人具有按照自己的希望去改变人自身，以及自己所处社会的能力"（Judith N. Shklar, *After Utopia: The Decline of Political Faith*, 1957）。

[本文译者为唐利国]

第三章

关于思想的存在方式

人依赖印象以判断事物

刚才主办方介绍我的时候，有个比较微妙的说明。我自己其实并没有立下不在外边演讲的规矩，但是看起来好像却是这么回事。而且这个"看起来好像却是这么回事"，和今天演讲的主题略有关系。就是说——虽然拿我自己做例子不免有些惶恐——明明没有人向我确认过，但就是形成了这么一种风评：那个人就是个不做演讲的性子！或者说，那是个不爱上电视的人！也可能有别的什么说法。不管怎样，由此就不知不觉地形成了一种关于我这个人的印象。自己并不去确认某人是否真的就是那样的人，而是基于某种印象来对某个人进行各种各样的评判，这种事儿世上多极了。现代社会交流手段高度发达，就像方才说的那样，不知何时扩散开来的印象，会脱离事实，独自传播。只要稍微想想，就能发现还有其他很多更明显的例子。

我们形成的各种印象，简单来说，我觉得大概像是人类为了适应自己所处的环境而制造的各种润滑油中的一种。也就是说，为了不让自己受到来自环境的急剧冲击，预先制造关于一个一个的人的，或者是关于某个集团、某种制度、某个民族的各种各样的印象，借助它们来思考和行动。这种印象成为我们对其他人的行为，或是非人格的组织的运作方式的期待与预测的基础，所以，如果不具备某种程度的持续性，就没有作为印象的意义。印象之所以能发挥作用，就在于它是持续的，但是，如果它脱离真实太远，出入过大，就会失去作为润滑油的作用。也就是说，因为某种机缘而碰到"意料之外"的行动，或是预想之外的事件，就有必要重新形成关于其人或其物的印象。像这样，我们就是在不断重新修正我们的印象的过程中，去适应不断变化的环境。

然而，进入我们日常生活视野的世界的范围，在现代不断扩张，与此同时，我们生活的环境也愈加多样，相应地，我们就日益不得不对我们无法直接触及的问题做出判断，对我们无法直接触及的人或集团的行为方式、运作方式，做出我们的预测或期待，由此而采取行动。也就是说，我们变得越来越需要依靠印象来采取行动。而且，在这个过程中，我们周围的环境变得越来越复杂，越来越多样化，越来越具有世界性的规模，于是，我们无法再凭借自己的感觉来确认：印象与现实之间在多大程度上是偏离的？又在多大程度上是一致的？我觉得可以说已经出现这样一种事态：我们每天采取行动或者发表言论，都不得不依靠我们无法亲自将其与事实进行比较的印象。换句话说，随着我们必须适应的环境变得越来越复杂，存在于我们与现实环境之间的印象层就越来越厚。曾经是润滑油的东西，渐渐固化，反而成了厚厚的壁障。

印象制造出新的现实

如今，我们在日常的讨论中，很自然地就会说到美国的做法如何，或者苏联的态度如何。这是以我们所拥有的某种固定不变的美国印象、苏联印象为前提的。所以，我们几乎没有机会、时间和手段去确认这些印象与真实的美国、真实的苏联在多大程度上是一致的，又在多大程度上是不同的。越是宏大的印象，就越会是上述情况。但是，这不只是针对国家，比如说，对一个人，我们也会有不同的印象。例如说到艾克①，我们就会有关于艾克这个人的印象。还有关于赫鲁晓夫这个人，或者关于尼赫鲁这个人，或者关于岸信介先生这个人，我们对他们分别都会有不同的印象。或者，举个更小的例子，当我们说京都人总是如何如何，或者说东京的人如何如何，这种时候，在根本上都有着对东京人、京都人的某种印象。再进一步说，当人们谈到和平运动的时候，保守派有保守派的、媒体人有媒体人的关于和平运动的某种心知肚明的印象。其印象有时候特别好，有时候也很差，但是不管怎样，在现实的和平运动与我们之间，总是存在着一层厚厚的关于和平运动的印象。

随着印象这层东西变得越来越厚，它就会脱离原本的现实，变成独立的存在，即区别于事物本身的无数的印象，或者说是与真身不同的化身。无数的这种化身自由自在地来来往往，我们就生活在这样的世界中。我觉得这么说并不过分。而且，虽然我刚才把真身和化身做了区分，但其实有时候很难分清两者。关于某

---

① 指美国第 34 任总统艾森豪威尔。

个对象，如果很多人都抱有共通的印象，比如认为所谓美国就是这种国家，或者认为所谓苏联就是那种国家，这种很模糊的、没有经过特别的系统性反省的印象，就会作为共通的印象广泛地扩散开来，以至于化身比真身更有现实性（reality）。这是因为，我们无法感知和确认一个事物本身的全部真实情况，所以现实中多数人都要依靠大家的共通印象来判断和行动。实际上，无论这种印象是多么错误的幻想，无论其距离真实有多远，都无须在意——这种印象本身能够创造出新的现实。幻象比现实更有现实性，这种悖论性的事态一定会出现的。

新形态的自我异化

思想史上经常有这样的例子。比如马克思曾说："我不是马克思主义者。"这句话非常有名。马克思写了大量著作，极其体系性地阐述了自己的思想。然而，即便是这样的学者，对于马克思主义或马克思主义者的印象脱离本体、独自发展的情况，也是无可奈何，所以他才会叹息："我不是马克思主义者。"更不用说在像今天这样人与人的交流极其发达的时代，无数大小的现实事物，终究无法阻止这样的现象：关于其自身的印象，离开其自身而独自传播，比真正的现实更有现实性。甚至有时候会发生这种情况：干脆放弃原本的现实，或者为了图方便，反过来使自己的言行去迎合关于自己的印象。这样就更没办法分辨哪个是真身，哪个是化身了。这不就是在现代发生的一种新形态的自我异化吗？这是世界性的倾向，但与此同时，我觉得在日本有着让这种化身自由传播的特殊原因，有着使我们与环境之间的印象的壁障变厚的特殊条件。

茶筅型和蛸壶型

为了进一步思考这个问题，我想稍微换个话题，非常模式化地尝试总结日本社会或文化的一个范型。姑且将社会和文化的范型分成两种来分析。用词可能有些奇怪，一种叫作茶筅型，与此相对，另一种姑且叫作蛸壶型。所谓茶筅型，像大家知道的那样，就是把一小节竹段的一头切削成非常细的竹丝。用手掌来打比方的话，就是掌心是一体的，然后分出手指。这种类型的文化就叫作茶筅型。所谓蛸壶型，如字面所示，就是各个孤立的蛸壶①并列在一起的形态。近代日本的学问或文化，或者各种各样的社会组织的形态，都不是茶筅型，而是蛸壶型。我认为这一点和方才讲到的印象在日本有着特别巨大的作用是有关系的。

比如以学问为例的话，虽然大家都很了解，我没有必要在这里详细展开，但值得注意的是，19世纪后半叶，日本大量引进欧洲的近代科学，这一时期恰好是欧洲在社会组织形态上，还有在文

---

① 沉入海底，待章鱼进入后将其捕获的陶罐。

化形态上都发生专业化现象的时代，分工和专门化急速发展。以社会科学为例，从 19 世纪前半叶的学问形态，到后半叶的学问形态，情况完全变了。19 世纪前半叶，可以列出比如黑格尔、施坦因、马克思，或者边沁、孔德等学者，大家一看就能明白，当时不断出现的是无所不包的、综合性极强的学问体系。如果从法学、经济学或者社会学之类的个别学科的分类出发，就会不知道该如何归类。

然而，到了 19 世纪后半叶，情况发生了急剧的变化。单数的社会科学（the social science）坍塌成了各种各样的、复数的社会科学（social sciences）。众所周知，当时已经发展到了这个地步，仅有斯宾塞的社会学自己冠以"综合的"这个形容词。这一点鲜明地反映了斯宾塞的社会学孤军奋战的身姿。密尔、斯宾塞等学者刚好站在了学问的分水岭上。我认为 19 世纪末期形式社会学① 的建立，非常具有象征性地在学问上显示了这种变化。各种具体的科学门类发展迅猛；在法律、政治、经济、心理等各个学问领域中，不断推进专业化和独立化。

迄今为止，所谓"社会学"就如字面所示，是关于社会的学问，意在探究非常综合性的社会运动法则或发展法则。但是，具体的科学门类不断发展后，社会学独特的研究对象是什么？这成了无法避开的问题。其他如法学、经济学之类的具体科学，分别以不同

① 形式社会学是德国学者齐美尔（Georg Simmel, 1858—1918）提倡的一种社会学，主张以复数的人之间的关系的形式为研究对象。

的社会内容为考察对象，与此相反，形式社会学主张，社会学的特质就在于从形式上把握人与人的关系。比如，当人们通过竞争关系而联系在一起时，与通过斗争关系联系在一起，有怎样的不同？就是把这种形式本身当作要考察的问题。这种时候，竞争的实体是什么？比如是经济市场中的自由竞争？还是为提升社会地位而进行的竞争？这些东西都被抽象掉了，纯粹以竞争这种人际关系形式的特点，作为考察对象。这种看法认为社会学的任务和独特性就在于此。这种立场是好是坏，是另外一个问题。但是这种看法的出现，本身就反映了 19 世纪后半叶学问急速地个别化和专业化的趋势。

我经常开玩笑地把日本明治以后内务省的命运，比作近代社会学的命运。大久保利通担任内务卿的时候，所谓内务，几乎包括了日本国内所有领域的事务。然而，随着日本资本主义的发展和国家机能的复杂化，铁路、通信、商工、农林等各个部门逐渐专业化，分别由独立的省所管辖。这样一来，内务省所谓"内"的内容就不断缩小，日益贫乏，最后仍属于内务省管辖的，只有警察这一固有的内务工作。作为内务的主要任务，最后剩下的只有警察，即社会交往的管理。虽然是个奇怪的类比，但我觉得这有点儿像 19 世纪社会学的命运。

近代日本对学问的接受方式

讲点儿题外话，日本接受欧洲学问的时候，刚巧就是学问专业化、个别化发展到了形式非常明确的阶段，因而，在大学制度等方面，专业化、细分化的学问形态就被理所当然地接受了。然而，欧洲各门科学都有着共通的根，即扎根于古希腊—中世纪—文艺复兴这一共通的漫长文化传统中，然后在末端分化出各种学科。这就是刚才说到的茶筅型。切掉其共同的根，把茶筅前端各自独立化的学问形态分别移植到日本，就成了大学等机构里学院或研究科的分类。作为一种极端化的类型，它从一开始就把技术化、专业化的学科，看作学院派学术应有的存在形态。其原因一方面在于日本开国时刚好是19世纪后半叶，另一方面也是因为明治国家体制在意识形态上接受了和魂洋才，或者东洋道德／西洋技术这种二分法，这种学问形态恰好符合其需要。这些姑且不论，总之，近代学问从一开始就以非常个别化、专业化的形态进入日本，因此，学者就是这种意义上的专家，是个别化的学问的研究者，这种看法，至少在学界，成了理所当然的前提。也就是说，在欧洲学问的根底支撑着其学问的思想与文化被切掉，形成了独立分化的、技术化的学问框架；日本学者从一开始就被完全嵌入其中。在此，包括大学教授在内的学问研究者们，并未以共通的文化或知性相互联结在一起。从各自的学科向下挖，并不会发现共同的根。各个学科都是自我封闭的蛸壶。只要看看我们的学院派学问的存在状态，就很容易明白这一点。

我们本质上在做着同样的工作、有着同样的任务，这种一体感在自然科学研究者与社会科学研究者之间非常缺乏，岂止如此，大学和学界的哲学与社会科学之间也几乎没有内在的交流。所谓哲学，其任务本来是为各种具体科学建立关联、奠定基础，但在近代日本，哲学本身——至少在学院的世界中——也专门化了，成了蛸壶。哲学本身的专门化，在某种意义上来说是自相矛盾的，但实际情况就是这样。哲学研究者不了解社会科学，社会科学研究者觉得哲学家在做的事情和自己的工作完全无关。比如说黑格尔哲学，在法学、历史学、社会学等方面都产生了非常大的影响，成为社会科学的基础。与此相对，西田哲学在日本被认为是最具独创性的哲学，但是，作为给社会科学各领域奠定基础的原理，它到底在多大程度上是有效的呢？日本目前的状态是，各种社会科学之间，比如法学、政治学、经济学这种本来有着密切关联的学问领域之间，甚至都不怎么有交流，而文学专业和社会科学专业之间的隔阂则更严重。即使是现在，文学家和社会科学研究者之间想用共通的语言来交流还是非常困难的。如果不放下社会科学研究者或文学家之类的头衔，坐在一起好好喝一杯的话，实在是连话都说不通的。如果大家各自作为社会科学研究者，或是作为文学家，只是想把自己领域中共通的问题拿出来进行学术讨论，就会在彼此之间缺乏共通的语言。

没有共通基础的论争

众所周知，最近围绕昭和史问题，在文学家与社会科学研究者，以及历史学者之间发生了各种各样的论争。看一下就会知道，争论的是比如这本书里写了还是没写历史这样的问题。写的是历史，或者写的不是历史，对这种说法的含义的理解，在文学家和社会科学研究者那里，其实是很不一样的。对"写的是历史"这个判断本身的理解就不一致，所以实际上这很难成为立于共通的基础之上的论争。不论表面如何，脑子里都觉得对方的想法简直无可救药。论争最后就以这样的方式结束了。

再举一个更典型的例子。这是三四年前的事情，某位著名的文学家，和另一位也非常著名的社会科学研究者进行了一场关于和平的论争。当时，那位著名的文学家有一句话的意思是说，那位社会科学研究者脑子怎么这么不好使？不论是否赞成那位社会科学研究者的观点，他以前做出过相当出色的成果，在社会科学研究者之间，就算有批评他的行动或学说的人，但至少不会有人觉得他脑子不好使。然而，碰上那位文学家，竟被说成是脑子不好使的人。脑子好使不好使，本来是非常朴素的判断，似乎很容易理解，但是，文学家说脑子好使的时候的"脑子"，和社会科学研究者说脑子好使的时候的"脑子"，不一定是一回事。谁也没有想到，上述情况在这场论争中就这么毫无掩饰地发生了。我觉得没有什么比这个例子更极端、更象征性地显示了日本知识人之间没有共通的语言、共通的基础。

还有一件事，大概是前年或者去年发生的，即所谓自由论争。论争开始的缘由是石川达三先生。我记得他的意思是说，日本知识人不管讲到什么都会扯上自由，但他们说的自由最终不过是在酒吧或小馆子里喝多了发牢骚的自由，也就是说，只考虑着逃离什么的自由；必须更多地考虑朝向什么的自由，在苏联和中国都是这种意义上的自由成了中心议题。不管怎样，石川达三认为日本知识人脑子里只有发牢骚的自由，并基于这种想法提到对中国和苏联的评判，借以攻击日本知识人。然而，在另一方面，在报纸的匿名栏之类的地方，也有种种比如"知识阶级如何如何"，或者"日本知识人如何如何"的言论，经常攻击日本知识人。但是，在报纸的匿名栏里受到攻击的知识人或是有知识的文化人，和石川攻击的日本知识人，怎么看都不像是同一类人。攻击的论据也正好相反。日本知识人一方面被斥责只是在小酒馆里发牢骚，回避天下国家的大问题；另一方面又被骂，不管什么事都扯上天下国家的问题，甚至连与政治无关的事情也都怪是政治的错。身为被攻击的日本"知识阶层"，肯定十分困惑。

之所以如此，是因为石川达三关于日本知识人的印象，和报纸上的匿名批评家在说"本来知识阶级就是如何如何"时所持有的对日本知识人的印象，是完全不同的。也就是说，人与人之间关于知识人的印象是不一样的。所以，在进行攻击的时候，都是根据平时在自己周围看到和听到的碍眼的知识人的行动，将其普遍化，然后批判"日本知识人如何如何"。在这种时候，展开攻击的人，不会把自己归入知识人或文化人的范畴。这不也正好反映了，蛸壶型社会不存在由共通的文化联结在一起的知识人阶层吗？

近代组织的蛸壶化

像这样，知识人并非立于共通的知性基础之上，因而本来就不存在知识阶层这种由同质性的机能相互联结的阶层。这一点不仅和文学、社会科学、自然科学各自的存在方式有关，还形成了这样一种状况：文学家、社会科学研究者、自然科学家各自形成了一定的伙伴关系集团，各个伙伴关系集团形成了一个一个的蛸壶。随着近代市民社会的发展，功能性集团越来越多元化，这是一种世界性的倾向。方才讲到的学问与组织过度专门化，即过于个别地分化出来、过于专门化，导致了种种弊端的问题，在美国和欧洲也同样受到很多批判。

不过，日本的特殊性是什么呢？如果是在欧洲，就算发生这种功能集团的分化，但在另一方面，在与之不同的另外的维度、另外的层面上，依然存在将人们联结在一起的传统集团和组织。比如教会，或者俱乐部、沙龙之类，传统上就有着巨大的能量，能够横向联结承担不同功能的人，成为人与人交流的渠道。但在日本，具有教会或者沙龙这种功能的组织非常少，因而民间自主交流的渠道非常匮乏。明治以后，随着近代化的推进，近代性的功能集团不断发展，取代了封建时代的传统的行会、会社、集会等。但是，这种组织无论是公司，是官厅，是教育机构，还是产业工会，尽管程度上有差异，但都有着各自形成一个封闭的蛸壶的倾向。巨大的组织体就像以前的藩那样割据一方。东京、京都还有其他大城市里都有所谓综合性大学。一般把有着文科、理科的各种专业的大学称为综合性大学，但是，综合这个词其实很讽刺，因为这些大学实质上一点儿也不综合。所谓综合性大学，不过是指它们有法学、经济学等各种各样的专业院系，在地理上集中在同一个地方，各学科的教室和研究室在地理位置上彼此相邻；并不是说在这里能接受综合性的教育，也不意味着各个院系经常组织合作研究。日本所谓综合性大学只是作为一个经营体，在大学行政层面上被组织在一起而已，和 university 的原意相去甚远。

组织内隐语的形成和偏见的沉淀

像这样，如果各个组织都变成了蛸壶的话，组织就会将所属成员整个吞没。因为组织包揽了成员的全部生活，因此自主地，即自下而上地形成相互之间共通的语言、共通的判断基准的机会自然就很缺乏。不仅是政治性、经济性的组织，在艺术领域，文坛、乐坛、画坛等"坛"，以及其中的某某社团、某某会也都有着不断蛸壶化的倾向，所以就会自然地形成只在某个圈子的自己人中间通用的语言或印象。在我们日本，这种组织或集团的蛸壶化，通常被冠以封建性或家族主义这类修辞。但与其说这只是家族主义或封建性等纯粹的所谓前近代的东西，不如说实际上是近代社会的组织性的功能分化，同时也呈现为蛸壶化。必须像这样将其作为近代与前近代的悖论式结合来把握。

这一点暂且不论。各个集团将其成员整体性地包含在内，导致了组织的内与外，也就是所谓的圈内（ins）与外部（outs）被严格区别。然而，由于蛸壶化是无限细分的过程，什么是内、什么是外的区分，也会被无限细分下去。比如学界与媒体，各自作为一个蛸壶相对而立，其间语言难以相通。而说到媒体，媒体内部还有大报纸、周刊杂志、综合杂志等各种类别，在其中还可以发现它们各自的蛸壶化现象。在中央级大报之中，各个报社总会有其各自非常封闭的、类似某种团体精神（esprit core）的东西。在明治、大正时代，新闻记者从一个报社转到另一个报社，原本是非常普通的事情，但报纸的组织越是近代化、巨大化，就越发将成员整体吞没，于是越来越缺少社会流动性。这很好地表现了日本"近代"的特质。比如新闻记者们经常说，在我们那里是这样这样的，这里所说的"我们那里"，就很具有象征意义。

这样一来，不论是公司、大学，还是工会，当然就会形成只有圈内人之间通用的各种价值标准或语言等，于是就会发生集团内部语言的隐语化。这就形成了只有在集团内部才通用的思考问题、感觉事物的方式，而且这种方式还会逐渐沉淀下去。也就是说，相对于外人，圈内人的谅解事项沉淀在集团的底层，于是，圈内人认为理所当然、已经没有讨论余地的事情，就会不断增多。英语中所谓 take for granted，也即某些部分的内容被认为是理所当然、不言自明的，需要讨论的只是此后的问题；这种内容沉淀在集团意识的底层，变得非常深厚。也就是说，各个组织性的集团，都分别拥有着这种沉淀下来的思考方式，于是作为组织的偏见也会紧密附着，难以去除。

对内锁国与对外开国

柏格森（Bergson）、波普尔（Popper）等学者提出了开放社会与封闭社会的区分，即 open society 和 closed society。我所说的组织的蛸壶化，也可以替换为封闭社会这一概念，但是讨论日本的情况时必须要注意，现在的日本整体上并不一定是个封闭社会，甚至可以说日本整体上是四面漏风，向全世界开放。在此，日本国内的集团成了一个一个的蛸壶，而各个蛸壶化了的集团在国际上却是对外开放的。也就是说，日本自身像封闭社会那样，没有横向的、等质性的交流，反而是各个集团通过各自的渠道，分别与外部的国际性通道相连接，形成了一种非常奇妙的状况。因此，所谓国民利益，没能在国民中间形成一种共通的清晰印象，这是理所当然的；看看政界、财界、文化界，不论哪一个都没有各个集团相互之间的交流，反而都有着基于各自渠道的国际交流。［日本］不就是形成了这么一种奇妙的状态吗？

被害者意识的泛滥

像这样，各种集团变成了蛸壶，而我们的交往范围却在不断扩大，也就是说，社会逐渐发展为大社会。于是，人们各自所属的集团之间，不同的印象相互冲突，越来越令人感受深切。而且，随着社会的巨大化，自己所属的集团就算实际上有着很大势力，但集团也会觉得自己非常渺小。于是就会发生这样的现象，各个群体都觉得自己是少数派。也就是说，各个群体都各自有种少数者意识。稍微夸张一点来说的话，这是一种强迫观念——我们被某种与我们敌对的，而且是压倒性的势力所包围。日本各个群体，特别是各个集团的领导人都有这样一种被害者意识。

几年前，吉田茂先生痛骂一位提倡全面讲和的著名学者曲学阿世，这件事非常有名。成为攻击对象的那位学者，对于了解他的人来说，完全是被贴了个荒唐至极的标签。看看这位学者在战前或战时的言论和行动，就会明白他恐怕是离曲学阿世这种人最远的了。然而，可以想象的是，吉田先生恐怕是非常当真地觉得那位学者是曲学阿世之徒。实际上，不仅是吉田先生如此认为，那些被称为所谓日本的老派自由主义者的人，也有不少人在暗地里，或者公然地为吉田的话鼓掌喝彩。思考一下这些人对现代日本的印象，恐怕他们是觉得自己被在日本有着压倒性力量的进步势力所包围，认为如今正是他们自己在抵抗着滔滔俗论，守护着暴风雨中的灯火。然而，从相反的立场来看，就会觉得事态完全是颠倒的。吉田等人的基本思维方式也好，支持他们的势力也好，有着压倒性的力量；或者说，现在多数日本国民即使不是积极地赞同，至少也是消极地接受，这种"支持"成为他们的依仕。正是因此，所谓进步派的主张，也就是在一两本综合杂志上占据优势。现实中日本的步伐，大体还是朝着与之相反的方向前进。吉田等人哪里是什么抵抗俗论的少数派，相反，是在国民意识上，安居于多数派的地位。

就像这样，甚至连保守势力都有着被害者意识，进步的文化人一方就更不用说了。不论是保守势力还是进步主义者，不论是自由主义者还是民主社会主义者、共产主义者，在各自的精神深处都有一种少数者意识或被害者意识。相应地，他们对整体情况的观察就是相互错位的。人们经常说大众传媒是万能的。如同我在之后会说到的那样，在日本，大众传媒的同一化作用确实特别强大。但是，当和单个具体的媒体人接触时，就会发现他们绝没有这种大众传媒万能的意识，其实正相反，他们一般对指向媒体的批判非常神经质、过度敏感，觉得对媒体的攻击或批判非常多，感觉自己总是被这些东西紧紧包围着。

此外，执日本之牛耳者是官僚，这是多数人的常识。在我高中、大学的友人中，自然有很多成了官僚的人。参加同学会的话就会发现，局长或者部长级的官僚依然有着被害者意识。从外面的社会来看，会认为官僚现在掌握着非常大的权力，但是令人吃惊的是，这些官僚自己身为支配者或者权力者的意识缺乏得令人吃惊。其实可以说他们是真心认为官僚是非常不划算的工作，遭到来自四面八方的攻击，被政党干部指指点点，被媒体视为眼中钉。大报纸所谓的"舆论"，在这些官僚看来全都是与自己为敌的，他们因此感到非常焦躁、孤立或愤懑。自己的立场与主张从来不被接受，也没人愿意替自己寻求理解，他们总是充满这样的孤立感。如此一来，就出现了日本全国上下尽是被害者，哪里都没有加害者的奇妙现象。这种意识在何种程度上是一个错觉，并非眼下所要讨论的问题。自己对"世间"的期待，与大众传媒报道的事件，共同塑造出了对其他势力或集团的印象。这种印象从四面八方淹没了人们。而且，人际关系是割裂封闭的蛸壶型的，其间没有自主性交流，这种社会中自然就会产生人人都觉得自己是被害者的现象。

战后日本大众传媒的功能

在战败之前的日本，将这种蛸壶化了的组织体连接起来，确保国民意识统一的，简而言之就是天皇制，特别是通过义务教育与军队教育来灌输"臣民"意识。战后，随着这一连接的解体，作为创造共通的语言、共同的文化的要素，不管怎么说，大众传媒变得拥有压倒性的力量。各个集团与组织的蛸壶化程度越高，蛸壶之间的相互交流就进行得越少，于是看起来连接在蛸壶之间的唯一交流渠道就是大众媒体。

人们经常说大众传媒导致思想同一化，然而日本传媒的构造相当复杂，具有一种悖论式的结构——存在于大众媒体核心之处的，反而是交流的缺失（dis-communication）。一方面大众传媒发挥着巨大的力量，另一方面其内部各个集合体分别拥有各自的语言，其间的自主性交流甚少，因此，其结果就是这种交流的缺失与大众传媒的发展，似乎毫无矛盾地同时存在，两者同时达到很高的程度，互为因果，互相强化。刚才提到了大众传媒连接在蛸壶之间，但如字面意思那样，其作用仅限于蛸壶之间，并不扮演渗透其中并打破其间的语言壁垒的角色。大众传媒原本便是面向孤立、被动的个人的，因此，在根本上缺乏打破组织体与组织体之间语言不通这一现象的力量。

总而言之就是这样，一方面人们在热烈主张，因为言语不通，所以需要有个共通的广场；而在另一方面，大众传媒所导致的令人震惊的思考、感情或兴趣的同一化、均质化，却在不断地发展。民间广播台不管设立多少，播放的内容基本上都是同样的东西。在某个时间段，转一下收音机的旋钮，不管哪个频道都在放歌谣曲，然后又是浪花节。就广播和报纸之缺乏个性而言，美国被认为是典型的大众社会，而日本犹有过之。比如，若是在美国，大众媒体也有很强的地方色彩，而且例如教会和其他的压力团体都发行着很有影响力的机关报，还拥有自己的广播网，因此反而成为在某种程度上牵制着典型的大众化、同一化进程的要素。而在报纸、广播垄断程度非常高的日本，妨碍同一化的要素要远少于美国。于是，在组织内部各有其"自己人"的隐语，而在社会上广泛使用着大众传媒的"公开用语"，两者并存，分别流通。

关于组织之力量的一般认识的盲点

要说今天为什么会讲这些东西，是因为我认为，今天我们日本人思考各种事物，或者采取各种行动，需要先充分理解两点现实。第一，在我们与环境之间，有着厚厚的印象层。第二，日本所有的集团，不论是传统的共同体，还是近代的功能集团，都在蛸壶化。这是非常重要的事情，但实际上很容易就忘记了。比如就政治问题来说，进步阵营常常说到组织的问题，认为必须要强化组织。要而言之，就是在现代只有组织才有力量，没有组织就没有力量。作为原则，这种观点本身没有任何错误。但是，如果这种思维方式被机械地直接用于蛸壶化了的社会，会发生什么呢？

第一，这种组织容易缺少对这一问题的反省：在组织之内通用的语言，以及对外部状况的印象，在组织之外能够在多大程度上通用？于是，会忘记努力去检验组织内部通用的语言在组织之外的有效性，也就是忘记了印象层有多厚、多容易有出入的现实。会简单地把一切都归结为组织对无组织的问题，或是单纯地认为问题在于组织之外的人尚未认识"真理"，从而会陷入这样的想法：和自己的印象不一样的印象都是谬误，只需要去"启发蒙昧"、普及自己的印象就好。这会误导对整体状况的判断，也会导致说服工作没有效果。

第二，若是像茶筅型社会那样拥有共通的基础，劳动者阶级的一个组织强大起来，或者说一个组织有所发展的话，那么最终将会通过共同的根基而促进其他人的组织化，并使之前进。然而在蛸壶型社会中却往往不会如此发展。组织各自都变成蛸壶的话，就没有向外扩展的动力，因此，在这种情况下，一个组织的发展，有时反而会破坏与其他组织的合作。而且，蛸壶化的趋势会无限地细分，于是，组织内某一部门和其他部门之间也会出现同样的问题。在极端情况下，完全有可能发生这样的事态：一个组织与周遭完全剥离，其力量或进步性却毫发无损，就像绝海孤岛一样漂浮在水面上。如果一个组织中的人习惯于依赖自己人所共有的印象来认识世界，心安理得地使用着仅在自己人之间通用的，被认为是不言自明的、理所当然（take for granted）的语言，也许哪天早上睁眼一看，会吃惊地发现周围的景色完全变了模样。

不立足于阶级区分的组织化的意义

我想，革新势力的领导者的任务，使其有必要采用不同于迄今为止的思维方式。就是在进行基于阶级同一性的组织化的同时，对于不同维度的各种各样的组织化的方法，都要尽可能多地组合并累积在一起。这并不只是为了从物质上强化组织的力量，更是为了防止组织的思维方式沉淀固化，并且在合成各种各样的印象的同时，发现流通度最高的语言。这种横跨阶级的组织化，正在进行各种经验性的尝试。比如试看以前的无产者运动，妇女方面的话，有无产阶级妇女同盟，可见妇女的组织化本身，是通过阶级区分的方法来进行的。然而，最近几乎没有这种组织了。如今是在家庭主妇、母亲等维度上进行组织化，但在结果上强化了阶级的力量。青年和学生等以同龄人为中心进行的组织化，可以说也是一样的。现时已经展开了各种不同维度的组织化的经验性尝试。其实，战后日本在国民规模上取得成功的组织化，不论是反对原子弹、氢弹的运动，还是母亲大会，可以说几乎都不是所谓阶级性的组织化。但是，这些在思想上有什么样的意义？对此人们未必有足够的反省。这不仅仅是狭隘的策略问题，即这样做在政治上比较方便，不那么露骨，其根源在于现代社会状况的深处。不反省这一事实的意义，就会陷入特定场合下的实用主义、无原则的投机主义。

合成多元印象的思考方法的必要性

同组织的多元化相并行，我们社会中的语言也变得多种多样，而且，印象自身无论如何脱离原本的对象，都会在一定程度上通行于社会，成为独立的力量。从这一基本事实出发，所谓蒙太奇式地合成关于整体状况的概观，不正是我们应该具有的一种技术和思考方法吗？

这同时也是社会科学的问题。仅仅执着于原理或者原则这种真理性的东西，已经不够了。也就是说，我们被置于这样一种状况中：如果我们认定这个就是真正的"真理"，剩下的都是幻象，然后就安然度日的话，"幻象"就会不断地制造出新的现实来，"真理"被弃之不顾，现实却不断膨胀。在印象之壁的重重包围之中，只是一味守护着"真理"的旗帜，这是行不通的。人们怎样才能合成印象？怎样才能打破组织内部的语言沉淀，扩展自主交流的空间？这些不正是将来的社会科学所应当直面的问题吗？

就像在追查凶手时，根据不同目击者的印象，制做出疑犯肖像那样，在做学问的方法上也必须思考如何进行类似的操作。不是从原理、原则出发，而是像所谓的电影手法那样，以现实中存在的多样的印象为素材，在不断的堆叠积累中，设法使观众领悟到某种理论或者理念。这样的方法，需要进一步加强研究，这是非常重要的事情。我希望将来能够同大家一起思考这一问题，因此，作为其前提，聚焦于组织的蛸壶化问题和印象独立发挥作用的问题，表达了自己的上述看法。

［本文译者为唐利国］

第四章

「是」与「做」

给出了一个有点儿像英语语法考试的演讲题目，非常抱歉！我不打算一开始就一般性地介绍其含义，而是准备通过列举各种具体的例子，一步一步地阐明主题。

"权利之上的沉睡者"

记得在学生时代，末弘严太郎老师在民法课上曾经这样讲解"时效"制度：当追索时效到期，居心不良的小人便摆出一脸无辜的样子，说不曾被催着还钱，以此为借口赖掉了账，软弱善良的债主反而蒙受损失。这种结果让人感觉非常不合情理。之所以规定"时效"，其中蕴含着这样的理念：在权利之上沉睡的人，不配得到民法的保护。这一解说令我由衷赞同。与此同时，"权利之上的沉睡者"这个说法很奇妙地给我留下了深刻的印象。现在想来，在没有通过追索行为来中止时效计算的情况下，仅仅安于自己作为债权者的身份，最终将会丧失债权，这一逻辑蕴含着不限于民法法理的极其重大的意义。

例如，《日本国宪法》第十二条写道："这部宪法所保障的国民的自由和权利，必须以国民的不断努力保持之。"这条规定呼应了宪法第九十七条的宣言：基本人权是"人类多年为获得自由而奋斗的成果"。获得自由的历史进程，仍须面向将来不断展开。这里与刚才关于"时效"所讨论的内容，明显有着共通的精神。发现这一点既不困难，也不牵强。也就是说，对宪法的规定稍加重新解读，就会得到警告：国民现在是主权者，但是，若一味安享身为主权者的事实，怠于行使权利，就有可能会在某天早上一觉醒来，发现自己已经不再是主权者了。这既不是夸张的威胁，也不是教科书式的空洞说教。这正是由从拿破仑三世的军事政变，到希特勒夺取政权，这一近百年来西欧民主主义血迹斑斑的历程所揭示的历史教训。

美国的一位社会学家曾经说过："欢庆自由是容易的。与此相比，拥护自由是困难的。然而与拥护自由相比，市民每天践行自由则更为困难。"这段话与我刚才说的内容有着基本相同的逻辑。总是认为我们的社会是自由的、我们的社会是自由的，但在欣然享受自由的时候，可能不知不觉间就丧失了自由的实质。自由并非像供品那样仅仅是摆在那里的，只有通过真正践行自由才能维护自由。换句话说，只有每天自由地行动，才可能真正是自由的人。在这个意义上，近代社会的自由也好，权利也好，对某些人可以说是非常讨厌的负担。这些人生性喜欢懒散的生活，只要能够安然度日，是非判断等任由他人来做；或者深陷于安乐椅中，能躺着就不愿站着。

近代社会的制度观

人们经常使用"自由人"这个词。然而，有的人因为从不怀疑自己是自由的，反而容易怠于不断反省、斟酌自己的思考与行动，以至于被盘踞于自己内心中的偏见所束缚，反而变得最不自由。这样的例子并不鲜见。相反，有的人能够深切地意识到自己"被（外物所）束缚"，不断地审视自己的"偏见"，千方百计想要更加自由地认识和判断事物，试图通过这样的努力，变得相对更自由。

所谓民主主义，原本就是要通过人民不断对制度的自我目的化即物神化保持警惕，不断监视、批判制度的现实运作方式，才能保持活力。这样才最不负民主主义制度之名。也就是说，同自由一样，民主主义本质上也必须通过不断的民主化，才得以成为民主主义。人们常说，民主主义的思考方式就是比起定义或结论，更注重过程，其最深层的含义，便在于此。

这样看来，债权通过行使才得以成为债权的逻辑，也可以扩展开来，将其视作深刻规定了近代社会的制度、道德以及事物之判断方式的"哲学"。

有句名言："布丁的味道不吃就不知道。"人们要么认为作为其"属性"味道内在于布丁之中；要么认为每次都是通过"吃"这一实际行为，来判断布丁是否美味。我认为这两种思考方式大体构成了判断社会组织、人际关系和制度之价值时的两极。打破身份制社会，使概念实在论转向唯名论，对一切教义都通过实验进行筛选，"追问"在政治、经济、文化等各种领域中"先天性"通用的权威的现实功能和效用，这样的近代精神的动力，正是诞生于如上所述的从"是"之逻辑、"是"之价值，向"做"之逻辑、"做"之价值的相对性的重心转移。如果说对于哈姆雷特时代的人而言，最大的问题在于"是或不是"（to be or not to be），那么在近代社会，可以说越来越为人所关心的是"做还是不做"（to do or not to do）。

当然，基于"是"之原理而成立的组织（比如血缘关系、人种团体）或进行价值判断的方法，在将来也不会完全消失；而"做"之原理也并非应该在所有领域都被同样地讴歌。但是，我们通过构想这样两个范型，可以得到一个基准，用以测定某个具体国家的政治、经济以及其他各种社会性领域内的"民主化"的实质性进展程度，或者测定制度与思维习惯之间的落差，等等。不仅如此，它还有很多其他用途，例如，对于在某些方面极其显著地非近代，同时在其他方面却又令人惊异地过度近代的现代日本来说，作为反思该问题的线索。

以德川时代为例

接下来，为了使前述那种典型对比更加一目了然，试以德川时代的日本社会为例进行阐述。不必多言，出身、家世与年龄等要素，在一个人的社会关系中承担着决定性的功能，而且这些要素无论哪一种都带有不会因为人们的实际行为而改变的意味。因此，在这样的社会中，无论是在权力关系上，还是伦理或者一般性的思考事物的方式上，与"做什么"相比，"是什么"成了价

值判断的重要标准。一般来说，当时的人不会认为，大名和武士
是通过为农民和商人提供某种服务而获得统治权的。通行的观念
是，因为他们是大名，是武士，基于这种身份"属性"，而理所
当然地——天然地——进行统治。所谓世代追随主人的臣从、特
权行会、某种技艺流派的宗家的当代家主等，都符合此种意义上
的"是"之价值，而不会被认为是基于某种具体的贡献或服务才
得以证明其价值。

在此，人们的行为方式也好，交往方式也好，都自然而然地
源于"他是谁"。武士要像个武士，町人要像个町人，说的就是
其基本的行为规范。"为权利而斗争"（鲁道夫·冯·耶林语）什
么的，想都不要想。对于维持这种社会秩序而言，每个人都安于
其被指定的"分"，是生死攸关的重要条件。在这样的社会中，
同乡、同族或者同一身份之类既定的关系，是人际关系的中心。
通过工作或其他目的性活动而与陌生人结成多样的关系，这样的
情形其实并不多见。而且，即便是这种基于"'做'事情"而形
成的人际关系，也倾向于以根据"你是谁"而建立的关系为范
本，尽量向其靠拢。

"是"之社会与"是"之道德

在德川时代那样的社会当中，一个人如果是大名，或者是名
主，他的身份就自然地决定了其应该如何行动。因此，在这种社

会当中，为了使人际交往顺利展开，第一要务就是能从外表来识别对方是什么人，即其究竟是武士，是农民，还是工商业者。这是因为，如果不能通过服装、装饰、用语等，一眼便明了对方的身份，就不知道该以怎样的礼节来与对方相处。但反过来说，在这种社会里，人与人相聚时，只要相互清楚对方是什么身份——事实上在这种社会里陌生人的集会也并不多见——不用特意制定讨论的程序或规则，也不用培养"会议精神"，只要遵循"言行得体"的道德规范，对话就会自然而然地步入正轨。

换言之，所谓纯粹的陌生人之间的道德，在此没怎么发展起来，也没有发展的必要。所谓的公共（public）道德，就是这种纯粹的陌生人之间的道德。以儒教有名的五伦为例，这种基本的人际关系，就是君臣、父子、夫妇、兄弟、朋友。其中，前面的四种关系是纵向的上下关系，只有朋友是横向关系。然后，进一步超出了朋友关系的、没有血缘关系的人之间的横向关系，则没有被纳入儒教的基本人伦关系。这很好地说明了，儒教道德是典型的"是"之道德，而孕育出儒教的社会，或者接受儒教道德为人伦关系核心的社会，是典型的"是"之社会。

"做"之组织在社会上兴起

与之相对，随着完全没有血缘亲情的人越来越有必要彼此合作，组织或制度的性质也必然发生改变，而且伦理规范也不能再只依赖"'是'之道德"。一方面，政治、经济和教育等社会机能之间不断产生分工，与此同时，各个领域的组织或制度的内部也随其发展而不断分化，形成某某局、某某部等。于是，同一个人必须在多种不同的社会关系中生活，随着情况的变化而扮演各种不同的角色。也就是说，人际关系相应地不再是全人格的关系，而变成了角色关系。在现代社会，我们即使拜访认识的人，也会先说明自己的角色，或者说"今天是想作为朋友来聊一聊"，或者说"今天是作为部长的代理人来的"。不说的话，对方就会不明白来者是怎样的角色或身份，有什么事情要办。好些年前，西尾末广还是社会党总书记的时候，其行为遭到社会质疑。当时，西尾辩解说："那是作为社会党总书记的个人的行为。"这又引起了进一步的质疑：究竟是叫西尾末广的这个人以个人资格做出的行为呢？还是以社会党总书记的身份，代表社会党做出的行为？对此，西尾给出了极其复杂难懂的解释，大体意思是：既不是纯粹的个人行为，也不是以社会党总书记这一公共身份做出的行为。至于具体是什么事由，西尾的回答是不是逃避责任，在此不论。关键是，这种质疑，还有这种复杂难懂的辩解之词，为什么会出现？这一点与今天的演讲题目是有关系的。只说西尾有西尾的行事风格，这样的说法是行不通的。正是这一点象征性地显示了问题之所在。

再举一个刚好相反的象征性的例子。川端康成有一部叫《生为女人》的报纸连载小说。女性极其微妙的感性活动、纤细的心理涟漪，都能传达给读者。但是，即使不读川端的小说，从"生为女人"这一定性——性别自然是指人的属性——出发，我们的脑海中也会浮现出关于女人味或者女性气质的各种印象。当然，也有"男人味"的说法，以及与之相应的印象。但是，男女之间毕竟情况有所不同。至少，如果把"生为男人"作为小说的书名，就会显得不自然，甚至伴随着某种滑稽感。造成这种感觉可能有各种原因，但我觉得其背景是，男人的社会性活动比较多样，扮演着多种角色；而女人，特别是家庭主妇，主要是扮演妻子的角色、母亲的角色，从而，"生为女人"在更大程度上"自然地"决定了女性的行为方式。因此，假如女性和男性在同等程度上承担多种多样的社会角色，单靠"生为女人"这种定性，真的会像在我们日本这样，能够如此具体地想象所谓有女人味的言谈、有女人味的举止吗？至少，可以想见，在那样的社会中，即使是川端康成这样的大作家，也很难把"生为女人"作为小说的书名吧？这不是孰优孰劣的问题。我列举上述例子，只是想简单地说明这个问题：人们所处境况的复杂化，会给人们的行为方式，以及看人的眼光，带来怎样的变化。

所谓业绩本位的含义

从"是"之逻辑到"做"之逻辑的推移，不是人们某天一觉醒来，突然转变了思维方式的结果。生产力提高，交通发展，社会关系变得复杂多样，以门第和同族身份为基础的人际关系也随之发生变化，于是，以"做事情"为目的——且仅限于这种目的——而缔结的关系和制度的比重不断增加。思维方式的转变不过是这一社会变迁过程的一个侧面。社会学家们所谓的功能性集团——如公司、政党、公会、教育团体等，标志着近代社会的特征——其组织本来就是立足于"行动"的原理。这些团体之所以存在的理由，离开某种特定的目的性活动是不可想象的；而团体内部的地位和职能等的分化也是源于完成工作的必要性。和封建社会的君主不同，公司里的上司或团体的领导的"权威性"，并非来自他们的地位，他们的业绩才是判断其价值的标准。

武士一举一动必须时刻像个武士，否则就不配做武士。但是公司的课长并不是这样。他和下属的关系并不是全人格意义上的，只是在工作这一侧面上的上下级关系而已。在美国电影里经常看到这样的画面，老板和员工或秘书的命令服从关系，在下班的瞬间，摇身一变而成为普通市民之间的关系。对基于"做"之逻辑而形成的上下关系而言，这是理所当然的。在日本的话，这种关系却未必能够成立——工作之外的娱乐或甚至家庭之间的交往都会被公司里的"人际关系"所深刻影响——职能关系可以说其实也变成了相应的"身份"关系。

通过上述例子可以明白，向"做"之社会和"做"之逻辑的转变，在具体的历史发展过程中，不会在所有的领域都以同样的步调前进，也不会因为社会关系的改变而自动地改变人们思考事物的方式或者价值观。不同领域的转变速度会有落差；同一领域内，组织的原理与运作组织的人的道德之间也会有错位。因此，虽说同样是近代社会，也会产生各种各样的差异。

在经济领域中

比如，一般来说，在经济领域中，从"是"之组织向"做"之组织、从"属性"价值向"功能"价值的变化，出现得最早，也渗透得最深。不必多说，这体现在从封建性土地占有向"资本"占有的巨大转变。即便同样是资本主义，发展到一定程度，也会出现所有权和经营权的功能性分离的倾向——是股东，是资本的所有者，却未必进行经营。虽然"工薪高管"这个词在日本还保留着特定的含义，但在高度发展的资本主义社会中，经营者一般都是工薪族，所谓高级经理愈发成为独立的工作。所谓无能的金主，一般不会有人在意，但能否找到有才干的经营者，对企业来说却是生死攸关的问题。当然，虽然说是经营权和所有权分离，其实仍然局限于资本主义所有制的框架之内；而社会主义的想法，却可以说正是诞生于要把这个框架打破，在经济组织中完全贯彻"做"之逻辑。但是，这里有个非常麻烦的问题，那就是和经济相比，在政治领域中"做"之逻辑和"做"之价值的渗透，总是更加缓慢。

在政治领域中，如果遵循"做"之原理，掌权者要时刻准备向人民和社会提供服务，而人民则要时刻警惕掌权者滥用权力，不断评估其业绩。我们的国家日本在多大程度上民主化了呢？不要管其制度如何号称是民主主义的，应该尝试用上述标准来进行衡量。与现在有什么贡献、如何卓有成效地工作无关，只是靠人脉或金钱关系，又或因身居高位，积威已久，或者因为往日功绩显著，依靠这些保持政治地位的权力人物，大自一国的政治家，小到村长，右自日本自民党，左到日本共产党，真是数不胜数。不是根据"'做'事"的必要性而随时缔结和解散人与人的关系，而是将特定的人际关系本身视为价值之所在，结果导致派阀和私意横行。

然而，在政治领域中，"是"之价值顽固地盘踞着，并不只是存在于上述任谁都一目了然的现象中。其实，在不容易为人明确意识到的，有关政治性事物的思考方式里，它无处不在，根深蒂固。

仅仅从制度所标举的原则出发进行判断

正如刚才讲到的，仅仅从制度所标举的原则出发来判断政治是否民主，这样的思维方式无非"是"之原理的变种。这里所讲的内容似乎有些前后颠倒，请诸位见谅。让我们看看歌舞伎剧目或者《南总里见八犬传》等传奇小说中的出场人物吧。其中的善人大抵百分之百地只做好事，而恶人也基本上只做坏事。也就是说，善人做的必然是好事，而恶人所行自然是坏事。这便是所谓的劝善惩恶主义。然而，未必能够将其单纯地归结为这种自觉的"主义"的产物。其实，那是因为，产生这些作品的社会，在方方面面都已经基于"是"之原理而组织起来了，所以这种思维方式才占据了支配地位。

社会关系变得越来越复杂，同一个人以各种不同的侧面和角色与人交往，于是，如果不看一个人在具体场景中的具体行动，就很难简单地说他是好人还是坏人。更准确地说，是好人还是坏人，这种标准不再重要；越来越重要的标准是：是善行还是恶行。然而，当人们对制度进行判断时，依然根深蒂固地存在这样的思维方式：往往并非基于制度的现实作用来进行检验，而是就制度本身来判定其是好是坏。而且，现代的国际和国内政治都带有意识形态斗争的性质，自由世界与极权主义，或者资本主义与社会主义之类的区分，被"先天性地"用于对一切政治现象的判断，这种倾向强化了上述那种"是"之思维方式。

当然，我并不认为这种"主义"的区分毫无意义。但是，好的制度必然产生好事，坏的制度必然产生坏事，这样的思维模式一旦固定下来，不仅在认识上是错误的，在实践中也会产生极为危险的后果。直至三年前的"斯大林批判"，共产主义者及其同情者一直顽固地否认斯大林主义带来的灾难，其中自然有政治动机，但同时也是源于一种广泛渗透的思维模式：既然是社会主义制度，本质上就不可能出现大规模的权力滥用或人权侵犯。类似的思维模式，在相反的阵营中也同样存在。曾经供职于驻日盟军总司令部的耶尔斯博士说，在苏联这样的奴隶社会，当权者需要的话，2加2可以等于5，结果因此而沦为笑柄。但是其思想同道，即便在今天，也未必就变少了。一般来说，反共职业论客国际通用的自相矛盾的逻辑是：一方面强调共产主义阵营中现实发生的事情，或者制度中不好的侧面，全部都是共产主义意识形态的必然结果；另一方面又一味地把共产主义意识形态之中的人道主义、民主主义等普遍性价值贬斥为现实权力的装饰。

理想状态的神圣化

身份、家世以及人的资质等，意味着某种持续性的"状态"。此处的"状态"，用德语表达则是"Zustand"。这一词语意为：立在那里，表现的是物体的静态存在。在这种意义上说，对服务或效力的检验，其本身是动的"过程"，而非静的"状态"。因此，前面讲述的"是"之逻辑与"做"之逻辑、"是"之社会与"做"之社会的对比，也意味着观察重点的不同：究竟是侧重事物的"状态"，还是重视其"运动"或"过程"？"好的"制度必然产生好的作用，"坏的"制度必然产生坏的作用，这种看法的背后有着一种观念，即认为理想的社会与制度，作为一种"模范"状态，像所谓蓝图那样是静止的。于是，很容易就会认为，现实社会中的恶，或政治中的恶，都是对这种模范状态的偶然的、暂时的背离；或者是源于无事生非之辈针对本来很美丽的花园，从外部搞破坏。当某种制度的理念脱离其现实作用而被神圣化的时候，或多或少都会呈现出向这种思考方式的倾斜。曾经支配苏联文学界的"无冲突"论，以及至今仍是共产主义者的显著倾向的对"修正主义倾向"的极度担忧与警惕，其思想上的根源之一就在于此。

然而，在我们日本，不是苏联那种特殊的理论或阵营，而是作为更加一般性的氛围——相应地就不怎么会自觉地意识到——这种形式的"状态"性思考简直是泛滥成灾。针对劳工运动或大众运动，有人批评说"现在都已经是民主主义时代了……"，或者说"既然日本是民主主义的国家，这种破坏秩序的行动……"。其逻辑深处，或多或少都流动着那种"状态"性的思考。

在此，民主主义不是要每天努力去创造出来的东西，而是既存的"状态"；对这一"状态"的扰乱，就会被自动地贴上"反民主主义"的标签。前不久围绕《警职法》发生国会纷争时，"不正常国会的正常化"这句话几乎成了异口同声的口号。的确，那次会期延长是违背了议会政治的规则，所以，就此而言，对"正常化"的呼吁是理所当然的。但是，如果再留心一下，就应该能认识到，在当时对"正常化"的呼吁中，潜藏着一种精神倾向，即将特定的"状态"神圣化，并在其遭到破坏时反应过于敏感。报纸上的社论、短评，还有读者来信，口头禅往往是："否定议会的风潮抬头，令人忧心不已！"无法忽视的现实是，无论是路边散步还是上班时闲聊，人们也议论纷纷："议会政治在日本很难顺利搞下去吧？"虽然分析有深有浅，怀疑之情是一样的。可以说正是因此才会导致上述固定的口头禅被广泛重复吧。

这样的话，就应该让现在针对议会政治的、潜在或者显在的各种批判，无论其多么出格或者不明智，都在国民面前得到充分的展示，通过与之进行公开的对决和竞争，让国民认可议会政治的合理性。除非沿着这一条道路前进，否则怎么可能期待议会政治在日本扎根并不断发展呢？真正需要"担心"的，不是否定议会的风潮，而是议会政治变得和曾经的日本"国体"那样，不必经受被否定的考验，从一开始就神圣不可侵犯，并强制人们信奉。大概没有比想要借助"禁忌"来"护持"民主主义更滑稽的思维错乱了。通过"禁忌"来维护秩序，正是自古以来所有部落社会——"是"之社会的原型——的本质特征。

众所周知，在日本，我们的国民缺乏从自身的生活与实践之中创造制度的经验。就历史而言，近代性制度大体上都是作为现成的东西而传入日本的，我们的生活被规制在其框架之内。因此，很自然地，人们根深蒂固的真实感受是，事先存在法律或制度的理念，然后才下降至生活之中。反之，根据我们的生活与经验，要求制定或改变特定的法律或制度，这样的想法就不容易广泛传播。而固有的官僚式思维方式又强化了这一倾向。例如，1958年政府决定强制推行对教师的业务考评时，一锤定音的逻辑是："法律既然规定了，那就必须实施。"这里有意无意践行着的思维方式是，就像从牙膏管里能挤出牙膏来一样，从法律条文的规定中能直接推导出具体的考评政策。

制度所标榜的理念的逻辑，通过"具体的政策→法律的实施→国会的多数表决→国民多数的意志"，这种"首尾一致"的倒推法，一举跳过了有关政策实施具体效果的复杂评估与不断验证的问题。

关于政治行动的看法

就"做"之逻辑而言，政治行动与经济活动等社会行动的区别，当然是指功能的区别，而非人或集团的区别。因为在近代社会，这些功能的分布是横跨所有人或集团的。毋庸赘言，政府或政党等所谓政治团体肯定主要从事政治活动，而企业或工会等经济团体则主要进行经济活动。但是，比如说政党在买卖土地的时候就是在从事经济活动。即使像美国的工会那样"经济主义"倾向比较强的工会，在选举时也会积极展开政治活动。然而，在"是"之思考与"身份性"道德占据优势的社会中，上述"行动"的区别被认为完全是来自特定的人或集团的区别。也就是说，文化活动被归于"文化团体"或"文化人"，政治活动被归于"政治团体"或政治家。因此，很容易就这样认为：既然是文化团体，就不要搞政治活动；如果是教育家，就要有个教育家的样子，不要对政治说三道四。

如果这种倾向变得太强，政治活动就会被作为职业政治家集团的"政界"所垄断，政治被封闭于国会之中。因此，在此外的广大社会中，由政治家以外的人所进行的政治活动，就会被视为超出其本分的行为，甚或是"暴力"。然而，自不必说，所谓民主主义，本来就是作为这样一种运动而发展起来的：将政治从特定身份的垄断中解放出来，扩展到广大市民。而作为民主主义承担者的市民，大部分在日常生活中从事的都是政治以外的职业。如此，使民主主义得以被支撑起来的，正是非政治的市民的政治性关心，以及来自"政界"之外的领域的政治性发言与行动。这个有点儿像是悖论的表述，绝非夸张之词。

市民生活与政治

在发生《警职法》问题的时候，曾是"安静的示威"的排头兵的某位文学家说："我不认为我搞了什么政治活动，只是作为文学家的理所当然的行动而已。"我记得在某个报纸上读到过这段话。这无疑是平素就性格"安静"的人的自然的感想。然而，毕竟还是让人感觉到，其中有着日本传统思维方式的强烈影响，即认为政治活动是在与市民日常生活完全隔绝的地方由特殊的人所进行的活动。当然，文学家——即使是教育家也一样——的政治活动与职业政治家的活动自然是不同的。后者是以权力为目的的活动；而前者自然并不以权力为目的，甚至大概也不是出于某种政治性动机的活动。但是，为什么只有直接以权力为目的而展开的活动才是政治活动呢？为什么从学问或艺术等其本身非政治的动机出发，进行所谓不得已而为之的政治活动，就不可以呢？在此潜藏着的将政治与文化进行所谓空间性即领域性区隔的逻辑，无疑正是认为"政治乃政治家的领地"的"是"之政治观。只要不破除这种观念，就无法避免这种现象：一旦踏入政治的世界，其人的一举一动等全部行为和思想就都变成了"政治性的"东西，反之，在此世界之外的人，都是与政治完全无缘的众生——这种"非此即彼"的态度无论对个人而言，还是在国民的历史上，都如附骨之疽，挥之不去。人们或许会从极端的"政治主义"，急剧地转变为逃避一切政治问题、政治与我无关焉的态度，然后又再度一变而成"万事皆政治主义"，并在这两极之间交替反复。

日本急剧的"近代化"

福泽谕吉在明治维新时为幼童所作的《每日教训》中有这样一节："世上做困难的事情的人，叫贵人；做简单的事情的人，叫小人。读书，思考，为社会做贡献，是很难的事情。那么，人高贵还是低贱的区别，只与此人从事工作的难易有关。因此，现在的大名、公卿、武士等，骑着高头大马，配着长刀短剑，样子看起来很气派，但是他们肚子里一点儿货色也没有，就像空木桶一样……每天无所事事，这样的人在世上有很多。看到这种人，没道理说他们是高贵的人或是有身份的人。这些人只是因为有着先祖代代遗传的钱谷，才表现得气派非凡。他们其实是很卑贱的人。"（着重号为丸山真男所加）

这种朴素的语言，简洁却又鲜活地刻画了价值标准从家世、资产等"是"之价值向"做"之价值的历史性转变的意义。在近代日本充满活力的"跃进"的背景中，这种向"做"之价值的转换，无疑发挥了巨大的作用。但是，与此同时，日本近代的"宿命"般的混乱也源于此处：一方面"做"之价值以猛烈的势头不断渗透，另一方面"是"之价值依然根基深厚，加之以标榜"做"之原理的组织，常常因"是"之社会的道德习惯而固化。

一方面，传统的"身份"急剧地瓦解了；另一方面，集团的自发形成以及交流的自主发展受到阻碍，会议与讨论的社会基础不成熟。在这种情况下，会发生什么呢？陆续形成的近代性组织与制度，各自或多或少形成了封闭的"部落"，在其中"自己"人的意识与"不愧为自己人"的道德公然流行。而且，只要踏到"外面"一步，就不得不与纯粹的他人接触，武士或町人之类的"是"之社会的礼节已经不再管用。人们必须进入大大小小、各种各样的"自己人"集团，而且不同集团所受到的"做"之价值的浸润程度也各不相同，因此，同一个人不得不根据"场所之氛围"的差异，分别表现出不同的言谈举止。早在明治末年，夏目漱石就已经敏锐地发现，我们日本人生活在"是"之行为方式与

"做"之行为方式的交错混杂之中，多少都会呈现出神经衰弱的症状。

"做"之价值与"是"之价值的倒错

众所周知，上述矛盾，在战败之前的日本，通过向"臣民之道"这种行为模式的"归一"，勉强得以弥缝。而在战后，"国体"这一支柱被拆除，并且所谓"大众社会"的各种现象急剧地蔓延，因此，日本在文明开化以来一直抱有的问题，爆发性地在各个地方显现出来。即便如此，却还不足为奇。在此，真正的麻烦，并不只是"前近代性"的根深蒂固。

其实，更为麻烦的问题是，就像前面讨论的关于政治的例子所显示的那样，基于"做"之价值观的不断验证，在最有必要的地方，却显著地欠缺；而在另一方面，在没有那么切实需要的地方，在全世界都在反省"做"之价值的无止境入侵的地方，效用与效率的原理反而在日本以惊人的速度和规模在不断地贯彻。

大都市的消费文化尤其如此。例如，我们住所的变化，象征着"是"之原理的带壁龛的客房越来越少，基于"使用"观点的厨房、起居室越来越流行，家具也强调实用功能。又如，传统的日本式客栈，众所周知，只要是某个房间的客人，就自然地享受相应的饮食以及其他所有服务，越是熟客越如此，现在则不断被明码标价地分别提供服务的新式酒店所取代。这些变化尚且还有其一定的意义。然而，涉及比如说"假日"或"闲暇"的问题，会是怎样呢？对于都市的上班族或学生而言，假日已经不再是安静地休憩或放松的时间，有的学着做木匠活儿，有的乘坐夕发朝至的火车去滑雪，反而假日可能才是最忙着"做事"的日子。最近还曾收到过"如何使用业余时间"的调查问卷。之所以有这种调查，正是因为业余时间不是要从"做事"之中解放出来，而是费尽心思要最有效率、有计划地利用时间。问题不止于此。再看看学问和艺术的情形，追求大众效果与浅显"实用"的判断标准已经势不可当地成为主流。最近有个美国朋友和我聊天时叹息，在美国有这样的倾向；研究者的晋升，比起论文和著作的内容，越来越取决于在一定时期内拿出了多少学术成果。日本的大学依然实行声名狼藉的教授终身制，这的确是学术贫瘠的源泉，有必要对其实效进行某些检验；但讽刺的是，不得不说文化普遍的娱乐化的倾向是如此严重，日本大学的这种"身份性"要素，反而成了抵制上述那种"业绩主义"无限泛滥的防波堤。

学问或艺术价值的意味

安德烈·西格弗里德 [1] 在《现代》（这是日文译名，原题为

---

[1]　安德烈·西格弗里德（André Siegfried，1875—1959），法国社会学家、历史学家和地理学家。

"20世纪面面观")一书中表达了这样的观点：所谓教养，问题不在于使用正确的工具、正确的方法，实现应有的功能；认识你自己，对自己与社会的关系、与自然的关系，拥有自觉意识，这才是问题所在。西格弗里德在此所说的教养，不是指博学多知，而是指内在的精神生活。他也恰好使用了"是"与"做"这样的词来阐述自己的观点。他强调，教养不可替代的个体性，并不在于"做什么"，而在于"是什么"，应该将重点置于努力对自己"是"什么拥有自觉意识。所以，在他看来，艺术或教养的特点是"重视花朵胜过果实"；比起带来的结果，其本身才是价值之所在。因此，这种文化的价值标准不能取决于大众的喜好，或少数服从多数。"古典"为什么在学问或艺术的世界中有重要意义？也正是与这一问题从来都密不可分。

在政治或经济的制度和活动中，不存在类似学问或艺术中作为创造力源泉的古典，最多只是存在"先例"或"过去的教训"而已。这一点暗示了两者之间的重大区别。在政治中不存在其本身就有价值的东西。政治必须通过"果实"来判断。对政治家或企业家，特别是现代的政治家而言，"无为"是没有价值的，这反而是一个会让人联想到"无能"的词，这也是没有办法的事情。对于文化的创造而言，"懈怠"当然没有什么意义。前面提到的那位美国友人的感慨，也丝毫不意味着作品越少越是真正的学者、真正的艺术家。但是，文化创造这种精神活动，暂停未必就一定是懈怠。这里的暂停，经常就像音乐中的"休止符"一样，其本身就有着"鲜活"的意义。因此，在这个世界里，冥想或闲静很久以来一直都是被尊重的，这一点自有其理由，不能说它们一定是落后于时代的观念。对文化的创造而言，一味向前向前，终日忙个不停，未必就好，价值的积淀才是最重要的。

为了将倒错的价值再度反转

在现代这种"政治化"的时代，不是只有凭借对自身内在的深厚蓄积的信心，前述那种从文化的（并非文化人的！）立场出发的、针对政治的发言与行动，才能够真正保持生命力吗？正是要通过这样的行动，"是"之价值与"做"之价值的倒错——在前者有着难以否定的意义的地方，后者反而不断蔓延；在应该依据后者展开批判的地方，前者反而顽固地盘踞着——才有可能被再度反转。如果我所说的上述旨趣从政治事项转到文化问题的话，也许会有人觉得奇怪：怎么突然间变得"保守"了？我唯有不怕误解，才能给出这样的回答：对现代日本的知识领域而言，切实欠缺，最为需要的，不正是彻底的精神贵族主义和彻底的民主主义的内在结合吗？托马斯·曼[1]

---

[1] 托马斯·曼（Thomas Mann，1875—1955），德国作家，1929年获诺贝尔文学奖，作品有小说《布登勃洛克一家》等。

在一战后写的东西里，有一个富于象征性的表达：期盼一个"卡尔·马克思也会阅读弗里德里希·荷尔德林"的世界。托马斯·曼的期盼，如果让我来解释的话，就是上文所表达的意思。至少，当从今天所讲的角度出发来诊断现代社会的时候，说实话，我的感受就是如此。

[本文译者为唐利国]

后　记

　　这本书正如读者所看到的那样，是由两篇论文体的文章和两篇演讲体的文章构成的。没有把文体统一起来，是为了尊重它们当初发表时的形式，同时也是考虑到，有的读者对前两篇论文体的文章的第一印象会是不好读，后两篇演讲体的文章也许恰好可以作为导读。以下是这些文章最初发表的时间和刊物。

　　1.《日本的思想》，1957 年 11 月，收入《岩波讲座　现代思想》第 11 卷《现代日本的思想》。

　　2.《近代日本的思想与文学》，1959 年 8 月，收入《岩波讲座　日本文学史》第 15 卷《近代 1》。

　　3.《关于思想的存在方式》，1957 年 6 月，"岩波文化讲演会"，收入《图书》第 96 号。

　　4.《"是"与"做"》，1958 年 10 月，"岩波文化讲演会"，修改后连载于《每日新闻》1959 年 1 月 9—12 日。

　　这次汇编成岩波新书的时候，按照岩波新书的一般体例，全部添加了小标题。第三和第四篇文章也就罢了，第一和第二篇文章的语气和逻辑的连续性，一开始并没有预想到要用小标题区隔，所以加了小标题之后，反而会在不少地方有着不自然的中断。但反过来说，也会方便读者搞清楚每个问题的要点吧。

四篇文章这次进行修改的程度各不相同。第四篇文章与原稿相比变化最大。《每日新闻》连载的是将本来的演讲大幅度压缩后，又增加了新的内容的文章。这次就把增加的内容也一并复原为演讲体的文风，把本来的演讲与连载时增加的内容统合在一起了。与此相比，第一篇和第二篇文章仅仅修改了若干词句。这并非作者本意。当初发表的时候，由于截稿日期临近，很多内容还没有写完就搁笔了。现在重新进行整理，按理说应该把文章发表之后经受到的各种批评也考虑在内，从整体上进一步完善文章论旨。但是，我因为要准备出国而忙得要死，再加上岩波新书的出版时间表也已经难以变更，最终没能完成修改计划，非常遗憾。但是，就像下面马上要写到的那样，当我于此再次坦露我思考"日本的思想"的动机之后，希望读者结合已经对我提出的种种批评，再次进行思考。为此，现在不做大的增删修改，我感觉不也是一个合理的做法吗？虽然如此，在第一篇文章中，日本近代文学理所当然地会成为讨论对象，对于谈及的地方，是否至少应该把已经有了草稿的部分补上呢？说实话，我一直到最后都在犹豫。最终半途而废，不得不放弃了修改的念头。

　　这本书的书名取自第一篇文章的标题。因为上述情况，第一篇文章在形式上远非"完成"品，但它不仅在内容上构成了这本书的骨架，而且在我一系列成果贫乏的研究中，也占据着稍微有些特殊的位置。在此首先介绍为什么这篇文章会冠以"日本的思想"这么一个宏大无边，而且在某种意义上来说是有所僭越的标题，同时谈一谈写下这样一个题目的作者的基本动机。前面提到《岩波讲座　现代思想》第11卷《现代日本的思想》，大家一看就知道，这本书是把战后日本思想界引起热烈讨论的几个问题，分别交给不同的执笔者负责写作。在编辑这一卷的时候，责任编辑清水几太郎强烈主张，有必要首先全面地讲述一下这种战后思想的历史的、逻辑的背景。这个任务分给了我。已经有文章在"现代"日本的思想这一题目之下，对战后日本的思想状况，以问题为中心，进行了微观考察，因此，这篇文章作为其导言部分，主要以第二次世界大战结束以前的情况为研究对象，自然不能和书名一样限定为"现代"。另外，文章叙述的起点并没有限定在明治维新以后；而且，问题虽然是取自近代，但作为研究对象的意识形态其实是追溯到以前，如果命名为"近代日本的思想"，反而不符合文章旨趣，还可能引起其他误解。因此，最后只好反过来"限定"为上述那种缺乏限定的标题。

　　这样说的话，听起来虽然好像是消极的自我辩解，但的确是这篇文章的写作背景即所谓的客观条件，限制了研究对象的选择和范围的设定，既然如此，一开始就解释清楚，是作者对"岩波新书"的读者的义务，以免有读者可能会从标题来推测，这是一本日本思想史概说或日本思想概论之类的书。但与此同时，从作者自身的个人思考的发展轨迹来说，这也是一个机缘。由于前述种种理由，我被分派了一个宏大得可怕的题目。至少从逻辑上来说，"日本的思想"可以包括从《古事记》的时代，到总体战的时代。到底怎样进行概括，并把接力棒传给该书正文的作者才好呢？几乎束手无策的我，由此决心奋力一跃：此前在我心里平行发展的几个问题或者说视角，这次无论如何也要尝试为其建立统一的联系。从这种意义来说，不管从通常的观念来看是多么具有误导性的标题，从我的问题意识和观察角度出发，毕竟只能名之为"日本的思想"。就这一点而言，即使被非难为傲慢的僭称，我觉得也是不得已的。因此，不管是好是坏，这篇文章里面灌注了我从大学毕业以来所面对的各种学术课题，以及在穷究这些课题的过程中不可避免地被刻下印痕的我的思想历程；与此同时，它也成为我此后关心的方向的新起点。举个最表面的事例，二战后我由于各种原因而在研究对象方面超出了日本政治思想史的，不，是政治思想史的范围，将手伸向了政治学的各种问题，特别是现状分析的领域，但是在完成《日本的思想》一文前后，终于整理收缩了"战线"，此后的论著基本上都属于旧作《日本政治思想史研究》或福泽谕吉研究的系列。但是，所谓"关心的方向的新起点"，与其说是指那种机械的研究领域的分类，不如说更带有一些内在的精神上的意义。对此若继续深入介绍的话，就会没完没了了。姑且以"发扬日本的思想传统"这一问题为例，试着稍微说几句。自从《超国家主义的逻辑与心理》一文以来，我发表了关于日本法西斯主义或日本民族主义的几篇论文，以及关于日本的政治状况的一些随笔。无论是批判我的，还是支持我的观点的，我的分析大体上都是被广泛理解为对日本的精神构造或者日本人的行为方式的缺点或病理的诊断。让我来说的话，这种理解在某些方面是准确的，在某些方面又是不准确的。作为不准确的理解，或者是明显的误解的例子，比如认为我专门揭露缺点和病理，或者说我把西欧的近代"理想"化，通过与其相比的落差来审判日本的思想传统，等等。对这些质疑，作为一种现象论性质的回答，无非是请看我同样发表于战后不久的论文《陆羯南》(《从民权论到民族主义》，收入日本近代史丛书，御茶水书房出版) 或《明治国家的思想》(《日本社会的史的研究》，岩波书店出版) 。但其实这种对我的研究的理解方法的背后存在着的思想方法或思考方式，正是我要考察的对象。这在其他地方，当然尤其是在这篇《日本的思想》中，也谈到了。而前述对我的理解在某种意义上来说又是准确的，这是因为，前述论稿无一不是熬过战争体验之后的一个日本人的自我批判——虽然是过于陈旧的语言，但是除此之外无以言表——这是我写作的根本动机。而且，现在有一种动向，想要把日本从 20 世纪 30 年代到 40 年代暴露在所有人眼前的病理现象，解释为只是暂时的脱轨或例外，将其埋葬在过去。我对此动向有着强烈的抗拒感，这驱使我执笔为文时，自然会将重点放在从思想史的视角出发探究这种病理现象的结构性要素上。这样的动机和关心，也被《日本的思想》一文所继承，并且也构成了本书其他三篇文章共通的主要思想流脉之一。（只是，在这一篇文章里，甚至论述到了比如说天皇制精神构造中的无限责任→无责任的演变机制，向其他社会集团，尤其是作为天皇制的政治对立面的共产主义阵营扩散转移的问题。）

与此相比，在过去的历史中，挖掘所谓日本的"好的"思想传统的工作，无论如何都是第二位的问题。当时，所谓进步派的思想阵营也以各种形式提出要继承或者发展民族遗产。但是，对于日本思想史中思想传承的形式、"外来"思想的移植以及"传统"思想的回应方式等，如果不是作为一个整体进行考察，并在其中确定各种思想的历史位置，而只是把自己喜欢的东西，或者是直接符合政治需要的东西，作为"传统"提取出来，那么，作为历史认识其实很容易被相反的例证所驳倒，而其现实效果也不过是为明治末期的"国民道德论"的各种各样的变奏曲，再增添一首而已。难道不是这样吗？我对最终走向此种结局的担忧之情，过去就很强，现在也依然很强。但是，我在《日本的思想》一文中姑且尝试的是，把在日本不曾形成具有作为各种各样的个别思想的坐标轴功能的思想传统这一问题，与从大约相隔千年的古昔直至现代，世界上重要的思想产物，几乎都能在日本思想史中找到库存这一事实，作为同一个过程来进行把握，尽可能地辨明由此而诞生的各种各样的思想史问题的结构关系。不管这是多么不自量力的企图，作为我自身，通过这种尝试，从现在出发对日本思想的过去进行结构化，才觉得比起过去，终于可以"轻装上阵"了。此前一直沉重地拖在背后的"传统"，现在似乎终于可以抓住它、摁在面前，从中"自由"地探寻面向将来的可能性了。在可能性中进行把握，说的是这样的思想史方法，比如，作为完成态的思想，或者作为思想的实践结果是"反动"的，但在这样的东西之中，也可能找到"革命的"契机；服从的说教中，也可能找到叛逆的契机；看破红尘的谛观之中，也可能找到能动的契机；或者说，要去发现其各自的反命题。从这以后，我写《开国》或《忠诚与叛逆》等论文，都尝试在确定其历史关联的同时，从上述层面出发进行新的解读。

出于以上理由，《日本的思想》一文中提出的各种各样的认识命题，一方面，自然有着作为日本人的自我批判的意味，这也是我长期以来一直延续的主体动机；在另一方面，也不是要一味地批判，还努力想要提取出肯定性的意义。比如，第一篇文章总结出日本人的一个思维模式：基于"记忆复苏"而来的、突然变异般的"传统"回归。日本人一方面对新思想有着敏锐的感受性，其普及之快令人惊讶；但在另一方面，过去的东西——极端时甚至是太古之物——却又执拗地持续着。我的意图就在于指出，这两个相互矛盾的契机其实是相互关联的；特别是要阐明，这种关联性在日本近代化的历史过程中，发挥了怎样的作用。由此，我们如果能够把这种精神构造和历史功能，作为认识而将其对象化，进而如果能够自觉地驱使这种"记忆复苏"，那么，突然变异般的转变方向这种在日本持续至今的模式，就不会再简单地重复。

《日本的思想》一文尝试整体性地把握与我们的现在直接相关的日本帝国的思想史的构造。我们实实在在地面对着的各种问题——知识人和大众、代际变迁、思想的"和平共存"、传统与现代、日本共产主义者的立场转变、组织与个人、叛逆或抵抗的形态、责任意识、社会科学的思维方式与文学的思维方式等——都曾在日本帝国之中发酵，并被其决定了发展的轨迹。我想揭示这一发展过程，以及这些问题的"传统的"结构关系。当然，这仅仅是一次尝试而已。所以，如果有人批评我不过是借此把各种问题放到近代化的文脉中进行"巧妙的解释"而已，或者批评我没有指出如何通往实践，作为作者，我只能苦笑着说：请您尽管批评。但是，如果认为作者是想把这些直接当作适用于日本人全体的自我认识的"范式"，我自以为距离这种黑格尔似的自我陶醉其实是最遥远的。我所期望的无外乎本人对上述各种问题的逻辑的或者历史的结构关系的分析，能够引发活跃的批判；或者受其刺激而从个人思想的层面到政治制度和社会机构的层面，到处都出现与作者角度不同的近代日本的思想鸟瞰图。该论文塞入了多种多样的问题而未能整理清楚，更不用说展开论述了。假如读者愿意自由地从中拣取，用作讨论的素材，作为著者就已经非常满足了。倘若能够惠赐讨论问题的要点，对于我以后进一步加深思考，更是极其难得。

　　说实话，我没有想到的是，原本是基于上述构想而写就的《日本的思想》这篇文章，其直接的反响却几乎全都集中在我对"理论信仰"与"实感信仰"所做的对比上了；而人们对我的观点的接受方式，更出乎我的意料——当然，这也是我的责任：如前所述，这一部分的叙述被删削得过于简略。更重要的是，我这两个用语想表达的意思是，把理论直接作为思想来"信仰"，或者把实感直接作为思想来"信仰"，但是，一旦它们作为语言而流通，极端情况下，似乎就通俗化为这样的理解：信仰理论直接就是"理论信仰"（就某一问题的理解，我自己也会相信 A 理论比 B 理论正确！）；相信自己的实感就是"实感信仰"（所谓自己不相信的实感，本来就不是实感！）。而且，我作为一个专攻社会科学的人，对理论信仰的批判相对更着力，这部分基本没有引起反驳；我简单分析了实感信仰的地方，深深地刺痛了一部分文学家的神经，这让我大吃一惊。我一向尊敬的一位文学家因此而认为我"党同伐异过甚"，甚至说我用社会科学的真理作为盾牌，"执着于现实，看不到本质。也就是说，把对于实体的即物性思考，作为现实主义而加以非难"。这真是令人无语。（另外，关于这一点，请参考本书第三篇文章里面特地把真理一词加了引号的地方。）

　　第一篇文章中的这一部分写得比较粗糙，对此我毫无保留地承认，但即便如此，如果能在与文章整体的关系中，再稍微思考一下作者的逻辑的话，就不会产生这么大的误解吧。对于实感信仰的问题，只能留待他日再论。但是，就第一篇文章中引用了小林秀雄的地方，我想略加说明。不管对于文学多么无知，我想我也不会像有些批评说的那样无识，会把小林秀雄作为"蛰居于感觉所能触及的、狭隘的日常现实之中"的代表。为谨慎起见，引用一下相关部分。我写的是："文学性的实感，只存在于狭隘的日常感觉的世界之中吧，若非如此，就只能满足于以'自由'的直观，抓住绝对自我超越时空、瞬间闪耀出的真实之光。"我正是觉得有一种与蛰居于狭隘的日常现实之中的实感主义（不用说，日本的自然主义是其代表）本质不同的实感，才在"若非如此"之后写下了那些话。小林先生是少数能够理解思想的抽象性意味着什么的人之一；于我而言，引用小林秀雄，不是作为实感信仰的一般类型，而是视之为某种极限形态。

关于小林秀雄的思想，第二篇文章也从某个侧面稍微深入论述了一下，但不管怎样，我在第一篇文章中讨论实感信仰的地方，对小林的引用难免不够谨慎。关于日本的"实感"的构造和功能，希望今后也能够得到大家的指教，以便进一步锤炼我的思考。只是，虽然一再重复，关于在第一篇和第二篇文章中提出的其他问题，也请与这个实感信仰的问题一样，同样毫不客气地向我提供活泼的意见或视角。

最后，我在本书尚未完成校对之前便不得不踏上旅途了。小标题的拟定以及其他校正等，感谢北海道大学法学部松泽弘阳先

生的诸多费心和帮助！同时，感谢岩波书店编辑部的堀江岭子、
田村义也诸位始终不变的大度包涵！

丸山真男

1961 年 10 月

［后记部分译者为唐利国］